NFTビジネス活用事例100連発！

地方創生からエンタメまで

【著者】NFT Media Founder 小林憲人
【監修】兼安 暁

彩流社

はじめに

　2020年の年末にNFTというキーワードを初めて知った。2021年に入って「靴のデジタルデータ（NFT）がわずか9分で完売（約140万円）」というニュースを読んで、恥ずかしながらなぜデジタルデータがこのような価格で取引されるのか、さっぱりわからなかった。

　しかし、こういった「理解不能な出来事」から新しいイノベーションが起こると考え、NFTについて調べ出した。そこでわかったことは「NFTを使うと今までになかったビジネスチャンスが生まれる」ということだった。

　そう感じた理由は、
・デジタルデータに唯一性を持たせられる
・どこからどこにデータが移動したのかがブロックチェーン上でわかる
・デジタルデータの二次流通が可能となる
・デジタルデータが流通するたびに制作者にフィーが戻るプラットフォームがある
からであった。

　これは衝撃だった。

　絵画であっても、本書のような書籍であっても購入した人が後日売却した際、基本的には作者がその売却費用から権利的収入を得ることはできない。なぜならその足跡を追いかけられなかったからだ。これがNFTであればブロックチェーン上に記録されるため、わかるようになる。

　つまり、NFT（デジタルデータ）であれば、作者の作品が売れて、その作品を購入した人がさらに別の人にそのNFTを販売（二次流通）した際、作者にも売上の一部が自動的に入る仕組みが出来上がっているのだ。

　これにより、制作者は「自分の創りたい作品」により集中することがで

きる。そしてそれがまた世に出て、さらに二次流通すればまた売上の一部が入ってくる。生活を気にすることなく、お金を自分の得意分野以外で働いて稼ぐことなく、また自分の作品を創ることに集中できるのである。

　まさに「頑張った人が報われる仕組み」がNFTにはあると感じた。

　また、今まではデジタルデータをコピーして保存することも容易で、どのデジタルデータが本物なのかはわからなかった。しかし、「いつ」「誰が」世の中に出したデジタルデータなのかも、わかるようになったのである。

　当初調べていくなかで、その多くはアートやファッションの事例であったが、この技術はその他の分野で活用されるようになる、NFTは今後絶対に世の中に広まる、と私は考えた。

　そこで当初、きっとこれからNFTを売りたい人も買いたい人も増えるから、NFTのマーケットプレイス（NFTの作品を売買するサービスサイト）を開発し、サービス提供しようと考えた。

　しかし、どうにも面白くない。マーケットプレイスにしたとたん、何かしっくりこなくなったのだ（マーケットプレイスがいけない、と言っているわけではない）。

　私はNFTになぜ興味を持ったのか、惹かれたのかを振り返った。すると、NFTが今後世の中に良いインパクトをもたらす可能性に惹かれたのだった。

　それであれば、このまだ認知度の低い技術をより多くの人に広めることが重要なのではないかと考えるようになり、結果としてNFTマーケットプレイスの開発は中止し、NFTの情報を伝えるメディアを創ることにした。

　私は、以前創業した会社でメディアを立ち上げ、売却したことがあったため、メディアを運営した場合、最初は赤字が続き、収益化に苦労するの

が目に見えていた。

　しかし、それでもこの可能性の塊のような技術をまだ知らない人たちに伝えたいと思ってしまった。

　最終的に「世界をつなぎ、可能性を最大化する」というメディアミッションを掲げ、準備を重ね2021年7月にNFT専門の情報メディア「NFT Media」を正式にローンチした。そこからは毎日NFTの情報をキャッチアップし、取材し、記事としてまとめるという繰り返しだった。

　およそ1年半、情報を収集していて思うことが、この業界の情報は速く、そして多いということだった。恥ずかしながら、とても弊社のみでキャッチアップしきれる分量ではなかった。

　同時期にNFTに関するメディアはいくつも立ち上がったが、1年も経たずしてクローズしてしまったりピボットしてしまったメディアも存在する。それくらい、様々な要因からメディアの運営を続けるのが困難なカテゴリだった。

　しかし、続けていると全体の流れも掴め、NFTの事例もたまった。運営すればするほど、情報は多く集まるようになった。協力してくれる人も増えた。楽しみにしてくれる読者も増えた（ありがとう！）。

　すると、「NFTをビジネスに絡められないか」という相談をいただくようになった。私たちは常に情報を追いかけているので、すらすらと事例が出てくるが、急に「NFTを使ったビジネスをしよう」と考えた時に、自社に近しい情報を見つけるのは容易ではないようだった。

　そんな時に本書の執筆についてお話をいただき、このように出版させていただく運びとなった。

　NFTを自社のビジネスに活かしたいという方に向けて、この「活用事例100連発」がお役に立てば幸いである。

　ちなみに本書は、NFTをビジネスに活かすためのヒントを見つけても

らうための本である。

　そのため、非エンジニアの方がこの本を手に取ることを想定している。

　また、事例の分量が多いことから、ビジネスの視点を中心にまとめており、NFTの技術的な視点からの解説は基本的に行っていない。ご了承いただけたらと思う。

　私も国内外からの今回の事例をまとめているなかで、どれも非常に興味深く、面白い事例ばかりだと改めて感じた。ぜひ、集中できる環境に身を置き、ヒントがでてきたらすぐにメモができるように紙とペンを用意し、部屋に鍵をかけ、コップ一杯の水とともにお楽しみいただきたい。

　では、始めよう。

第3章　地方創生

第4章　アニメ

第5章　音楽

第6章　アイドル・芸能人

終 章　NFTビジネスのヒント

X to Earnで新しい生き方？／NFTを理解する方法／用語集

序章
NFTの基本を押さえておこう

NFTとは何か？

そもそもNFTとは一体何なのだろうか。よく言われるのは、

> NFT（Non-Fungible Token）とは「代替不可能（非代替性）」なトークンのこと。「代替不可能」なトークンとは、唯一無二の価値を持つトークンを表しており、主に暗号通貨のイーサリアムのブロックチェーン上で構築されている。NFTは2017年9月に誕生し、ブロックチェーンを用いることにより、その所有者が過去から現在にわたって明確になるため、デジタルデータの権利を明確化できると期待されている。ちなみに本文脈におけるトークンとは「印」や「証拠」を意味し、暗号資産や仮想通貨とほぼ同義だと考えてよい。

というような説明だ。

やめてほしい。わかりにくい。ただでさえ世の中、横文字も英語の略語も増えてこちら側（主に私）も限界が来ている。

もう少しわかりやすく、かみ砕いてみよう。

まず、「ファンジブル」とは、「代替性」という意味である。ようするに、替えがきくもののことだ。

では「ノンファンジブル」とは何だろうか。これは「非代替性」という意味で、替えがきかないもののことを指す。

最後に「トークン」である。これは「デジタルアイテム」という意味だと考えてほしい。

まとめると、

「替えのきかないデジタルアイテム」

となる。では一度、NFTのT（トークン）を取って、日常の経験や物に置きかえてみよう。

F（替えのきくもの）

・円（法定通貨）
・まっさらなコピー用紙
・さっき買ったばかりのユニクロのＴシャツ（白）
・「NFT ビジネス活用事例100連発！」という大変役に立つ書籍

NF（替えのきかないもの）

・1992年5月23日小学生時代に学校で先生のことを「お母さん」と呼ん
　でしまった経験
・初任給で食べた銀座の寿司
・高校サッカーの引退試合の時にユニフォームの下に来ていたユニクロの
　Ｔシャツ（白）
・著者のサイン入り「NFT ビジネス活用事例100連発！」という大変役に
　立つ書籍

　では、Ｔ（トークン）を再び戻そう。

FT（替えのきくデジタルアイテム）

・BTC（ビットコイン）、ETH（イーサリアム）
・楽天スーパーポイント
・デジカメやスマホで撮影した写真

NFT（替えのきかないデジタルアイテム）

・会員権
・デジタルアート
・トレーディングカード
・ゲームアイテム
・アート

と、このように表現できる。いかがだろうか。

あなたもノンファンジブルな経験をしてきているし、ノンファンジブルな物を持っているはずだ。

　会員権、アート、ゲームアイテムなども、NFTになるといつつくられたのか、何枚つくられたのか、今まで誰が持っていたのか、いくらで取引されたのか、といった情報とともにその所有者がブロックチェーンに刻まれて、世界中に公開されることになる、というわけだ。

　これがNFTである。

NFTの特徴

　では次に、NFTの特徴を押さえておこう。ビジネスに活用するうえで、よりイメージしやすくしてもらうためだ。

◎改ざん、消失が極めて困難

　NFTは発行されてから渡り歩いてきた足跡の全てがブロックチェーンに記録されている。

　ブロックチェーンというのは1つのデータを1つのサーバーに格納するのではなく、1つのデータを複数台のサーバーに格納する。例えば、そのうち1つのサーバーが壊れてデータが消し飛んだり、ハッキングされてデータが書き換えられたとしても、残りのサーバーには同じデータが残っているため、生き残っているデータをお互いに見せ合って、「このデータは本物」というのを照合しているのだ。

　したがって、改ざんされる可能性は極めて低いといえる。

◎個性がある、代替不可能である

　NFTは、主に3つのデータが1つになって構成されている。それぞれ解説しておこう。

①インデックスデータ…NFTの保有者の情報、16進数42桁の所有者アドレス、トークンID、トークンURL

②メタデータ…このNFTに関する名前、作成者、作成日、保管場所、発行枚数等が記載

③コンテンツ（対象）データ…画像、動画、音源などのNFTになるデータ

と、それぞれ異なる情報を保有しており、それぞれのデータが紐づいている。

　重要なのは①のインデックスデータである。この情報があるから、「今、このデジタルデータは誰が保有している」ということがわかるようになるのだ。

◎移送可能、相互運用性

　NFTには、いくつかの規格（ルール）がある。その規格が共通であれば、NFTのやり取りが可能である。わかりやすくいうと、（そもそもそういう仕様でつくられている前提で）スクエニという共通の規格があれば、ドラクエに出てくるドラゴンキラーという武器をファイナルファンタジーのゲームに持っていって使用することが可能となる。

　ゲームの枠を超えて、NFTを活用できるのだ。

◎プログラマビリティ

　NFTは、特定の条件がそろった場合に、決められたアクションを起こす、というように、処理を自動化できるのも特徴だ。これはNFTに使われているブロックチェーン上にてスマートコントラクトという契約のようなものが司っている。

　例えば、

・作品が作者から売れた後、購入者が売却する。そうすると二次流通の手数料として作者に自動的に創作料は支払われる

・一定期間（もしくは枚数）ごとに販売価格が変動する

というようなことが可能なのである。

　全て自動化されるからこそ、人の手が介在しなくなり、人件費がかからなくなる、手動に比べて処理速度が上がる、などのメリットがある。

◎現物として所有できない

NFTはデジタルデータなので、現物ではない。例えばNFT会員証を保有している場合、現物の会員証のように財布の中に入れられるわけではない。あくまでもインターネット上、ディスプレイ上に存在する。

ただし、中には「NFTを購入してくれた人には現物も差し上げます」というものもある。が、それはNFTではなく、NFTを購入した場合についてくるユーティリティ（特典）であって、NFTではないのだ。

このような特徴がある。しかし、NFTにはいくつかの規格があり、その規格によって特徴も異なる場合があるので注意しよう。

NFTの法律に関する留意点

NFTというのは厳密には法で定められているものではない。それぞれに留意点が存在する、にとどまっている。これは国内のみならず、世界中で同じ状況となっている。

例えばNFTを保有することは、その著作権を保有することではない。著作権とブロックチェーン上での所有者は全くの別物である。

著作権者が持っている著作物を複製・販売する権利や、著作権自体を譲渡すること、二次的著作物を作成する権利などはNFTの所有者には基本的にはないのである。

法律は、企業がビジネスを行ううえで「守るべきルール」である。

ここで役に立つのは一般社団法人日本暗号資産ビジネス協会が発行している「NFTビジネスに関するガイドライン」だ。現在、第2版として令和4年3月31日に改訂されたものがインターネット上に公開されている。

本協会は以下のような目的で活動している。

一般社団法人日本暗号資産ビジネス協会（旧 日本仮想通貨ビジネス協会、日本仮想通貨事業者協会）とは、暗号資産交換業者、ブロックチェー

ン・Web3.0関連事業者、システム・セキュリティ関連事業者、金融商品取引業者等の事業者が、日本国内において暗号資産もしくはその他のブロックチェーン上のデジタル資産に関するビジネスをはじめるにあたり、テクノロジー・税務会計・レギュレーション・商慣行などの面から会員間の知見集約、意見交換を行い、国内外の情報や業界課題の調査・研究、政策提言、ひいては業界の健全な発展を促進することを目的に活動しております。

引用元：https://cryptocurrency-association.org/about/

　NFTビジネスを行う際のガイドラインについては、「3. NFTの法的性質」「3-1. NFTの法規制に係る検討フローチャート」の段落において、

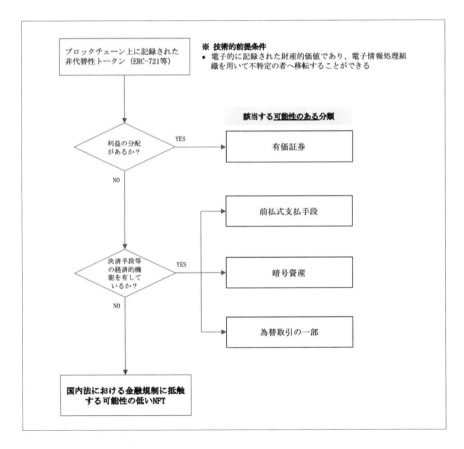

このようなフローチャートにて記されている。フローチャートを見て、自社のやりたいビジネスと簡易的に照らし合わせてみるといいだろう。

なお、

当協会として、上記フローチャートを根拠としてNFTの法的性質が決定されることを保証するものではありません。対象となるNFTがいかなる法的性質を有するかについては、当該NFTの性質・仕組み・用途、当該NFTを利用する事業やサービスの内容等を踏まえ、法令や監督官庁が公表するガイドライン等に照らして、各会員企業にて個別具体的に検討していただく必要があります。その場合、各社において、必要に応じて弁護士等の専門家に照会することもご検討ください。

引用元：https://cryptocurrency-association.org/nft_guideline/

と記載があり、フローチャートをたどったとしても、取り組もうとするNFTビジネスを保証するものではない。詳細については法律の専門家である弁護士の方にぜひ聞いていただきたい。

個人的にはビジネスを考える際には、まずは法律のことは考えずにアイデアを出してみるといい。そこから生まれたアイデアを練るなかで、法的な問題を解決すればいいと感じている。

最初からルールを気にしていたら、いいアイデアは生まれないだろう。

NFTマーケットプレイスを見てみよう

NFTはどこで購入するのだろうか？　それは、マーケットプレイスという場所で売買されるのが一般的である。

マーケットプレイスには、「NFTの売り手と買い手を直接つなげるサービス」と、厳密にはマーケットプレイスとは言いにくいが「運営が売り手を集めてきて一元管理を行い、買い手に販売するサービス」の2種類が存在する。

いずれも欲しいNFTが手に入ることには変わりない。

今回は、その中でも国内外の代表的なマーケットプレイスを紹介しよう。

名称	運営	特徴
OpenSea	海外	・シンプルで操作しやすい ・取引手数料2.5％ ・世界中のクリエイターが出品している
Rarible	海外	・「RARI」と呼ばれる独自トークンを保有していると、コミュニティへの参加権・投票権を与えられる
SuperRare	海外	・デジタルアートに特化している
LINE NFT	国内	・LINEアカウントだけでアカウント開設可能 ・LINEの友達にNFTを送ることが可能 ・ガス代（取引手数料）がかからない
Adam byGMO	国内	・日本円での決済が可能 ・クレジットカード決済対応
SBINFT Market	国内	・日本円での決済が可能 ・クレジットカード決済対応 ・マーケット公認の事業者しか出品ができない
FanTop	国内	・タイアップ企画が充実している ・専用アプリでNFTを3Dで見られる ・自身が購入したNFTを二次販売可能
tofuNFT	国内	・32種類ものブロックチェーンに対応 ・NFTゲームとコレクティブNFTに特化

マーケットプレイスの基本要件としては、
・NFTを制作、発行、販売する
・NFTを購入する
・NFTを二次流通させる（購入者がさらに購入希望者に販売する）
・二次流通した場合の収益が、NFTの制作者にも一部還元される

が挙げられる。

　他にも、それぞれに機能や分野が異なっており、各社特徴的である。

　決済手段、取り扱いブロックチェーン、特化している分野、オンチェーンであるのかオフチェーンであるのか等、自社の分野にあったプラットフォームを選ぶことをおすすめする。

　ちなみに、他のマーケットプレイスも「知りたい！」という時は弊社のメディアをのぞいてみてほしい。URL、もしくはQRコードから確認できる。2023年1月末時点で、75種のマーケットプレイスを掲載している。情報は随時更新されるので、楽しみにしていてほしい。

 NFT Media　国内NFTマーケットプレイス一覧
https://nft-media.net/marketplace/marketplace-domestic

NFTの買い方

　では、実際にNFTを購入するにはどのようにしたらいいのだろうか。ここでは、一からNFTを購入するまでの一覧の流れをお伝えしよう。

　NFTを購入できるプラットフォームは数多くあるが、その中でも代表的なプラットフォームであるOpenSeaとマネックスグループ子会社であるコインチェック株式会社が運営する暗号通貨取引所「Coincheck（コインチェック）」にてアカウントを作成することを想定してステップに分けて説明していく。

❶暗号通貨取引所のアカウントを作成する
❷暗号通貨取引所でETHを購入する
❸MetaMaskのアカウントを作成する
❹MetaMaskへETHを送金する
❺OpenSeaとMetaMask接続する
❻OpenSeaでNFTを購入するステップ

❶暗号通貨取引所のアカウントを作成する

　まず、暗号通貨取引所「Coincheck」のアカウントを作成する。

1. Coincheckのアカウント登録

　アプリの「会員登録」をタップ。

　Coincheckのアプリを開き、メール
アドレスとパスワードを入力。
　パスワードはセキュリティ対策のた
めに半角英数字を混ぜて作成すること
をおすすめする。
　「メールアドレスで登録」をタップす
ると登録したメールアドレス宛にメー
ルが届くので、メールに載っているリ
ンクをタップ。

2. SMS認証を行う

　SMS認証は、アプリを開き「アカ
ウント」をタップし、続いて「ご確認
事項」をタップ。

　表示される各種重要事項を確認し
て、内容に同意・承諾したらチェック
を入れて「サービスを利用する」を
タップ。「本人確認書類を提出」をタッ
プしたら電話番号を入力しよう。

「SMSを送信する」をタップし、
「OK」をタップ。

　すると、携帯電話にメッセージが送
られてくるので、書かれている認証
コードを入力する。

3. 本人確認書類を提出

　SMS認証ができたら本人確認書類を提出する。
　各種個人情報を入力していく。

　各種個人情報の入力が完了後、顔写真と提出書類が一緒に写った写真をアップロードして登録へ進む。
「ファイルを選択する」をタップしていずれかを選択して写真をアップロードする。
　その後、本人確認書類の表面と裏面の画像をアップロードし、確認が完了すると完了メールが届く。これで登録は完了だ。

❷暗号通貨取引所でETHを購入する

　アカウント作成が完了したら、次は暗号通貨であるETH（イーサリアム）を購入していく。
　ETHはNFTを購入するのに必要な暗号通貨だ。まず、購入するために口座に日本円を入金しなければならない。アプリを開いて「入出金」をタップ。

どの方法で入金するかを選択。

　方法を選択したら指示に従い入金手続きを行おう。

　入金が完了したら、「チャート」をタップして「イーサリアム（ETH）」を選択。

　「購入」をタップ。

円単位で購入数量を指定、「JPYで
イーサリアムを購入」をタップしよ
う。

最低500円から購入することができ
る。

出てくるポップアップの「購入」を
クリックすれば購入手続き完了だ。

引用元：コインチェック公式youtubeチャンネルより
https://www.youtube.com/watch?v=UQqYGltr1Ug

❸MetaMaskのアカウントを作成する

次に、MetaMask（メタマス
ク）をブラウザに接続する。
MetaMaskとは、暗号通貨の
ウォレットである。

まず、MetaMaskのアカウ
ントを作成。MetaMaskを
chromeウェブストアで探し、
「chromeに追加」をクリック
してダウンロードする。

MetaMaskを立ち上げて
「ウォレットを作成」をク
リック。
「パスワード」を設定しよ
う。

同時に「シークレットリカバリーフレーズ」というものが出てくる。これは必ず記録しておいてほしい。このフレーズがわからなくなると、ウォレットに接続できなくなり、二度と資産を取り出せなくなる可能性が出てくる。

　ちなみに筆者はとある取引所でシークレットリカバリーフレーズを軽い気持ちで記録しなかったところ、とんでもない悲劇（損失）に見舞われたことがある。しっかり記録しておいてほしい。

　また、これは銀行でたとえると預金通帳と印鑑がセットになっているようなものである。絶対に他人に教えてはいけないということも覚えておいていただきたい。

❹MetaMaskへETHを送金する

　Coincheckで購入したETHをMetaMaskへ送金しよう。

　MetaMaskを開き、アドレス部分をコピー。

　Coincheckのアプリを開き、「ウォレット」→「ETH」をタップ。

　「送金」をタップ。

「宛先」に先はどコピーしたアドレスをペースト
しよう。

その他の必要事項や送金する金額を入力し、送
金依頼をかければ送金完了だ。

なお、初めて送付する時は、一度に送金したい
金額全額を送付せず、最低限の送金をしてみよ
う。そして自分のMetaMaskに着金されたことを
確認してから、残りの金額を送付するようにしよ
う。万が一何かのミスで間違ったウォレットアド
レスに資金が送られてしまうのを避けるためだ。

❺ OpenSeaとMetaMaskを接続する

こうしてMetaMaskには資金が入った。

次に、MetaMaskとOpenSeaのアカウントを連携していく。そうしな
いとNFTが購入できないからだ。OpenSeaトップページ右上の財布のよ
うなアイコンをクリックしよう。

すると、ウォレットの接続画面へ移行するのでMetaMaskを選択。

「接続」→最後まで画面をスクロールして「署名」をクリック。

これでOpenSeaとMetaMaskのアカウントの接続が完了した。

❻OpenSeaでNFTを購入するステップ

いよいよ、NFTを購入してみよう。

【購入したい作品を探す】

まずは気になるNFTを見つける。

・OpenSea内で探す方法

NFTはOpenSea内の検索機能を使って探すことができる。

OpenSeaのトップページの上部には検索窓があり、自分が探したいコレクション名やアーティスト名を入力するといくつも候補が出てきてその中から好みの作品を見つけられる。

いくつか気になるキーワードを入れて調べてみよう。なお、ここでは日本語翻訳したページを参照している。

他にも、トップページ上部にある「探索」をクリックすると、次ページのようにカテゴリごとにNFTを探すことも可能だ。

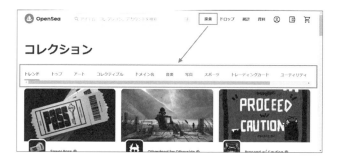

・Twitterで探す方法

　Twitter も NFT を探すのに非常に便利である。現状、NFT に関する情報はTwitterで得られることが多い。

　Twitterには「ハッシュタグ」というものがあり、「#NFTJapan」や「#nft」などと検索すればNFTに取り組んでいるアーティストやNFTを活用してサービス提供しているプロジェクトに出会えるはずだ。

【作品を購入】

　OpenSeaでNFTを購入する2種類の方法を解説しよう。

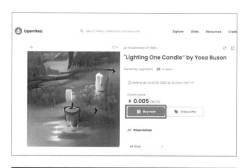

・Buy Now（出品者の提示している価格で購入）

　出品者の提示価格で購入する時は作品ページの「Buy Now」から購入する。

　OpenSeaの利用規約に同意するチェック欄にチェックを入れよう。

　購入するNFTに間違いがなければ「Checkout」をクリック。

　これで購入が完了となる。

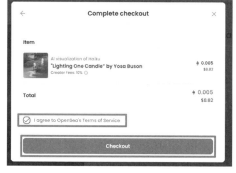

・Make Offer（オークション形
式で購入する）

オークション形式で購入した
い場合は作品ページの「Make
Offer」をクリックする。

詳細を確認して問題がなけれ
ばチェック欄にチェックを入れ
る。

NFTは「WETH」で購入す
るため。

購入したいWETHの金額を
入力して「Convert ETH」を
クリックしよう。

ウォレット内の「ETH」と
購入に必要な「WETH」を交
換しよう。

ETHとWETHの交換比率は
1：1である。

交換する「ETH」と「WETH」
が入力できたら「Wrap ETH」
をクリック。

これで購入が完了となる。

引用元：https://opensea.io/ja

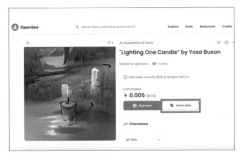

◎ OpenSea を利用する際の注意点

OpenSeaでNFTを購入する際には、いくつか注意しなければならない
ことがある。それぞれ解説していく。

・ガス代

OpenSeaでNFTを購入、出品するときには「ガス代」と呼ばれる取引

手数料がかかる。

　このガス代はETH（イーサリアム）で支払われるが、この時のガス代の費用はイーサリアムブロックチェーンの混み具合で決まる。

　ブロックチェーンが混んでいるときは、ガス代は高騰する。そのため、NFTを購入する際にはその都度ガス代を確認して、ガス代の安い時にNFTを購入するのが賢い方法だ（欲しかったNFTがその間に売れてしまうリスクもあるので、自己責任で調整してほしい）。

・対応通貨

　OpenSeaでは各種暗号通貨のみが使用可能だ。米ドルやユーロなどの非暗号通貨でNFTを購入することはできない。欲しいNFTがどの暗号通貨で取引できるのかを確認したうえで、その暗号通貨を準備してNFTを手に入れよう。

・詐欺による被害

　OpenSeaを装ったメールやサイトによるフィッシング詐欺をはじめ、NFTを狙った詐欺が横行している。まずは届いたメールや訪問したサイトが本当にOpenSeaのものであるか、よく確認しよう。フィッシングサイトにシークレットリカバリーフレーズを入力してしまうと、最悪の場合ウォレット内の資金やNFTが盗まれてしまうこともある。

　また、Twitterアカウントでは偽物のアカウントや、資金やNFTを抜き取ろうと直接メッセージを送ってくるアカウントもある。本当に存在するプロジェクトのアカウントなのか、偽物から購入しようとしていないか、おかしなリンクを踏ませようとしていないか注意しよう。

　ちなみに、弊社で一番NFTの収集歴が長いスタッフも、先日ウォレットの中の60万円分のNFTを抜き取られ

引用元 URL：https://twitter.com/JpMasa74/
status/1591636108030644224

てしまった。調べてみると、知らず知らずのうちに不正なリンクをクリックし、自分のウォレットを他人が操作できる許可を出していたのだ。

こういったことに騙されないポイントはいくつかあるが「いつからTwitterが動いているか」「フォロワーとコミュニケーションしているか」「実際にOpenSeaなどのプラットフォームでプロジェクトを検索し、本物であると確認できるかどうか」などを見るとよい。

実際に毎日のように被害が出ている。自分は大丈夫、と思わず、きちんと公式のwebサイトや情報であると調べたうえで取引を行うようにしよう。

引用元URL：https://twitter.com/0411daidai/
status/1591646560907333634

NFTを購入する8つのモチベーション

ビジネスを考えるうえで、NFTを購入したいと思うモチベーションはどこにあるか、というのを知っておくことは極めて重要である。

メディアとしていくつものプロジェクト事例を見てきたなかで、NFTを購入するモチベーションを8つに分類した。この8つの組み合わせでNFTプロジェクトを手に入れるモチベーションは出来上がっているのではないかと考えている。それぞれ解説しよう。

1. 好き

作品が好き、作者、アーティスト、クリエイター、ビジネスオーナー（企業、個人問わず）が好き。非常にシンプルな感情であるが、それゆえに強力である。アイドルなどのNFTプロジェクトの場合、このパワーが強い。

2. リターン

　このNFTは今購入しておけば、後で高く売却できるかもしれない、という期待。希少性の高いNFTの場合や、一般販売前に販売されるNFT等に多い。また、ゲームのスカラーシップ制度のように、このNFTを保有して、貸し出すと利回りがよい、といった考えもリターンに該当する。

3. ユーティリティ

　NFTを保有していることによって得られるメリット、特典に惹かれるパターン。そのユーティリティはプロジェクトごとに様々である。保有していると現実世界の飲食店に特別に入ることができたり、特定の情報にアクセスできるなどが挙げられる。

4. コミュニティ

　NFTを保有している人たちだけが集まる場所。ユーティリティに含まれることも多いが、その集まる人々の一員になりたい、というモチベーションだ。何か目的があって集っていたり、何かに詳しい、何かが好きである、などがそのコミュニティに属したい理由として挙げられる。

5. ストーリー

　NFTプロジェクトがどのようなことを成し遂げようとしているのか、今までどのようなことをしてきたのか、という部分。例えば、集めた資金を社会問題の解決に活用する、等である。一部のプロジェクトでは、ロードマップとして表現されているものに近いだろう。

6. 所有欲

　このNFTをコレクションしたい、揃えたい、という欲求である。○○シリーズ全5種を集めたい、等である。

7. 限定性

　今だけ、いくらで、誰かだけ、○○な条件の場合にのみ、というような

特別なもの。自分にしか手に入れられない、他の人が手に入れられない、というところがモチベーションとなる。

8. 使用したい

　NFTゲームのアイテムなどが該当する。保有して、そのアイテムを使いたい。ユーティリティと異なり、NFTそのものを使用したい、というのがポイントである。

　以上がNFTを購入する際のモチベーションである。ビジネスを考えるとき、ぜひ参考にしてみてくれたら幸いである。

◎「これ、NFTにする意味ってある？」

　これはよく出る質問である。「NFTでなくてもいいのではないか？」という話だ。

　例えば、何かのために資金を集める、ということは「クラウドファンディングでいいのではないか？」というような話だ。たしかに、集めた資金で何かを支援するだけであれば、クラウドファンディングでいいだろう。

　果たしてこのサービスは本当にNFT化する必要があるのだろうか？

　NFT化せずとも目的目標を達成することができるのではないか。

　私もそういったものはあると思う。しかし、それでもやってみる意味はあると思う。それは正直な話、NFTという流行りのキーワードに「のっかっている」だけかもしれない。しかし、それでもチャレンジすることによって見えてくる新しいヒントがあると感じているからだ。

　とはいえ、きちんとNFTでなくてはならない理由のあるプロジェクトは数多く存在する。

　恐らく社内でNFTを用いた新規ビジネスを考える際、このような議論が起こることが想定される。その際は、NFTの特徴を見直してみると答えが出やすいだろう。

本書の事例の活用方法

　では、いよいよNFTビジネス活用事例100連発をお楽しみいただこう。

　それぞれの事例から、あなたのビジネスのヒントになる事例が見つかれば幸いである。

　事例にあるそれぞれの項目について解説しよう（一部の事例には項目が必要ないと判断して、記載のないものもある）。

【タイトル（事例名）】どのような事例であるのかを表している。

【プロジェクト名】プロジェクトオーナーの定めたプロジェクトの名前。一部、著者にて追記を加えたものもある。

【発売日】発売日とあるが、販売せずに無償配布した物や、第一弾からいくつかシリーズが出ているものなど、象徴的な日付が確認できているものについて記載をしている。

【関連URL】プロジェクトに関連するニュースのURLやSNS、webサイトのURLなどが記載されている。

【プロジェクトオーナー】このプロジェクトを取りまとめているオーナーがどこの誰なのかを記載している。情報が確認できている場合は、参考URLも記載している場合がある。

【業種・業界】今回は「不動産、アート、ゲーム、音楽、スポーツ、アニメ・漫画、アイドル・芸能、ファッション、地方創生、飲食店、教育、その他」の12カテゴリから合計100事例を選出している。その中で、象徴的なカテゴリが1つと、サブカテゴリが0〜2つがそれぞれの事例に設定されている。

【概要】その事例がどのようなもので、NFTを活用した事例としてはどんな視点があったのかを解説している。

　他には、プロジェクト元から掲載許可を頂いたり、引用元として参照させていただいた事例についてはそのプロジェクトの象徴的な画像を掲載している。

本書の事例の注意事項

　本書を執筆するうえで一番苦労したのは、NFTの業界の変化の速度であった。調査をしていた事例の中身が変わったり、事例として選定していたものが途中で終了してしまった、というようなものもあった。

　これは、この文字を私が打ち込んでいる今この瞬間にも起こりうることである。これは編集を経て、デザインがまとまり、印刷されて書店に並ぶときにはどうなっているのか想像もつかない。そのため、執筆時点の情報であるということをご承知いただきたい。

　もしも気になる事例があった際は、そこからさらに調べてもらうか、NFT Mediaの公式Twitterに「追加調査の依頼」とDMをいただければ幸いである。

　また、法律的な観点の話については前述のとおり、まとまりきっていない部分が多い。法的な観点で事例を見たい場合は、弁護士に相談することを改めておすすめする。

　それと、取材を試みたが、取材の返答が得られなかったものもある。そのような場合には以前の取材時の情報や、プレスリリース、SNSの情報を参照してまとめてある。

　最後に、今回の事例の中にはオンチェーンではない、つまり厳密にはNFTと言えないであろう事例も含まれている。しかし、重要なのは「NFTのハードルを下げること」を意図として掲載させてもらっている。

　上記をご了承いただいたうえで、お楽しみいただけたらと思う。

第1章
スポーツ

プロジェクト名 **NBA Top Shot** (エヌビーエートップショット)

【発売日】2020年初頭　【関連URL】https://nbatopshot.com/
【プロジェクトオーナー】https://nbatopshot.com/　【業種・業界】スポーツ

概 要 スポーツトレーディングカードをNFTで実現したコレクタブルNFT

　NFTの人気の分野に「コレクタブル」と呼ばれるものがある。これは「収集して楽しむもの」の意味であり、例えば数万点あっても一品一品違う「ジェネラティブ」といわれる分野がそれにあたる。

　そして現実社会で「コレクタブル」といえば切手やフィギュア、そしてカード類である。遊戯王カードに代表されるテーブルゲームカード、そしてプロ野球チップスカードに代表されるスポーツトレーディングカードである。

　NBA Top ShotはスポーツトレーディングカードをNFTで実現したコレクタブルNFTであり、その代表的な事例といえる。

　人気スポーツのトレーディングカードは大人から子どもまで万国共通で人気である。人気選手のカードであれば数万、数十万円で取引されることも珍しくない。しかし現実社会における「もの」としてのトレーディングカードにはいくつか課題がある。

　まずは「真贋判定」である。いくら精巧なカードをつくっても人気であれば海賊版や違法コピーによる偽物が出回ってしまう。

　そしてもう一つは「経年劣化」である。いくらビニール製ケース（スリーブ）に入れて大事に保管していても、なにかの拍子に折ってしまったり汚してしまう可能性がある。また水難・火災などの事故によりカード自体を損傷、紛失する可能性もある。

　これらはNFT技術によって解決が可能である。発行者と流通履歴がオープンにされており誰でも確認できるブロックチェーン技術であれば、デジタル作品の真贋判定が容易にできる。

　またデジタルデータなので破損の恐れもなく、ブロックチェーン技術を活用しているためサーバーエラーなどによってデータが消失するリスクも限りなく少ない。

　この技術を活用したデジタルスポーツトレーディングカードプロジェクトが「NBA Top Shot」である。アメリカにおける四大スポーツの一つ、バスケットリーグ「NBA」が公式にブロックチェーンサービス開発企業「Dapper Labs」とともに立ち上げ、運営を行っている。

　公式サイトでのNBA Top Shotの購入はまさにスポーツトレーディングカードの購入体験と類似している。

　購入はいくつかのカードが入った「パック」といわれる袋詰めの状態で行う。中に何が入っているかは当然確認できない。

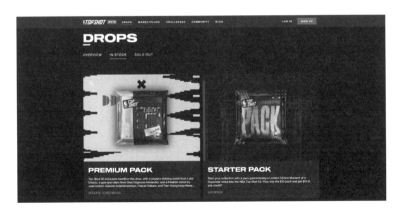

プレミアムパックが69ドル、スターターパックが10ドルとなっている。

　このパックの中にはレアがあるかもしれないし、コモン（普通ランク）しか入っていないかもしれない。購入し開封してみるまで中身がわからない状態になっている。

　ユーザーからすれば、開封して気に入ったものがあればコレクションしてもいいし、気に入らないものであれば自分で価格を決めてマーケットプレイスで出品（いらないカードをフリマアプリで販売するイメージ）することも可能だ。

　人気選手のカードがマーケットプレイスで、高値で売買されることもこのプロジェクトが話題になる要因の一つである。

　NBAとしては、NFTを通じてファンの満足度を上げることはもちろんのこと、過去のシーンも含めた大量のコンテンツを収益化させるチャンスでもある。

　また、現物のカードとは違い、NFTであれば二次流通からも収益が入る。NFTを用いた試みにおいて、いち早くコンテンツホルダーが収益化に成功した事例といえる。

　ちなみに、先日人気チームLAレイカーズに移籍し話題となった八村塁選手のレジェンドランクカードは最低価格が525ドル（約7万円）となっている。

2 世界のサッカーファンをつなぐ デジタル会員証

プロジェクト名 #1409junya （イチヨンゼロキュウジュンヤ）

【発売日】2022年11月　【関連URL】https://meta-all-stars.io/ja/star/junya.ito/、
https://nft-media.net/nft-production/ito-junya
【プロジェクトオーナー】株式会社META ALL-STARS：https://meta-all-stars.io/ja/
【業種・業界】スポーツ

概要 「Platinum」NFTは、伊東純也選手サイン入りスパイク

　本事例は日本代表やフランス1部リーグで活躍する伊東純也選手が、応援してくれる世界中のファンと交流したいと考えた結果生まれたNFTプロジェクトである。

　現在、選手とファンの交流というのはクラブチームのイベントやファンクラブが役割を担っている場合が多い。それはそれで非常に重要ではあるが、世界中のファンが国やクラブチームを越えて横断的につながり一選手を応援するようなサービスはなかった。

　そういった意味では選手個人のSNSが世界中のファンをつなぐ役割を補完していたように思う。さらに進化して伊東純也選手はNFTを保有してもらうことによってファンコミュニティをつくろうと考えたのである。

　このプロジェクトで購入できるNFTはID Sticker、Silver、Gold、Platinumと4つの種類に分かれており、それぞれに価格や販売方法、ユー

ティリティ（特典）が異なる。

　特に豪華なのは、「Platinum」のNFTである。サイン入りスパイクは世界に2足だけの伊東純也選手専用モデルで、もう1足は伊東選手が実際にW杯で着用したものだというから伊東選手のNFTホルダーに喜んでほしいという強い気持ちが感じられる。

　このNFTがデジタル会員証の役割も同時に果たし、運営企業は今後ホルダーへのユーティリティを増やす予定とのことだ。

	販売個数	販売方式	販売価格	サイン入りスパイク進呈	サイン入りユニフォーム進呈	オンラインイベント参加権	SNSアイコン利用
ID Sticker	非公開	固定価格	5,000円	×	×	後日視聴権	○
Silver	50個	固定価格	50,000円	×	×	○	×
Gold	3個	オークション	100,000円～	×	○	○	×
Platinum	1個	オークション	300,000円～	○	×	○	×

　また、本NFTプロジェクトの売上の一部は認定NPO法人「国境なき子どもたち（KnK）」へ寄付され、世界の困難な状況にある青少年の支援に使われる。

　世界を股に掛けるスポーツ選手個人が国やチームを越えたコミュニティをつくるという今後のスポーツ選手のコミュニティづくりの選択肢の一つになりうる事例である。

3 スポーツ選手のメモリアルシーンがNFTに

プロジェクト名 パ・リーグ Exciting Moments *β*

引用元：パ・リーグ

【発売日】2021年12月23日〜 ※2023年1月現在時点で、第10弾まで発売中
【関連URL】https://moments.pacificleague.com/
【プロジェクトオーナー】パシフィックリーグマーケティング株式会社
WEB：https://www.pacificleague.jp/　SNS：https://twitter.com/PacificLeagueEM
株式会社メルカリ
WEB：https://about.mercari.com/　SNS：https://twitter.com/mercari_inc
【業種・業界】スポーツ、ファンビジネス

概要 メルカリの初のNFT支援プロジェクト

パ・リーグ Exciting Moments *β*は、パ・リーグ6球団の記憶に残る名場面やメモリアルシーンを捉えた動画コンテンツを、自分だけのコレクションとして保有できるパ・リーグ公式のサービスである。また、運営サポートに株式会社メルカリが名を連ねており、メルカリの初のNFT支援プロジェクトであることも特徴の一つである。

通常、試合の公式映像は、ダウンロード等が禁止されている。しかし本プロジェクトでは、購入した動画コンテンツを見て楽しむだけでなく、コレクションしたりシェアしたりすることが可能であるため、ファンからの注目を集めた。

彼らは動画コンテンツのことをモーメントと呼称している。

初期ラインナップ「Series1-'21 Season Best Players」は、2021年シーズンで活躍した18選手のプレーが収録されている。それぞれのモーメントには、シーンや選手に応じてレアリティ（レア度）が設定されており、最低購入価格2,000円で販売され、中には25,000円で購入された動画も存在する。

本プロジェクトは、NFTを活用したスポーツ×ファンビジネスの新しい形を構築した例である。普段からプロ野球に情熱を傾けるファンはもちろん、ファインプレーや感動的な名場面が好きな人まで魅了した。

現在は第10弾まで発売されており、ファンから支持され続けているプロジェクトだということがわかる。

また、フジテレビ「Live News α」に取り上げられ、SNSでも話題となった。自身のお気に入りの名場面シーンを購入できる点が喜ばれており、口コミ等もインターネットで確認できる。

本プロジェクトが野球ファンにさらに広まれば、ますます利用されるサービスとなるだろう。

最後に、厳密にいえば本プロジェクトのモーメントはまだNFT化されているわけではない。しかし今後は、Dapper Labs社が開発するブロックチェーン「Flow」を活用してNFT化を行い、ユーザーのオーナーシップを保証していく予定だ。

現在販売されているモーメントも、ブロックチェーン技術によってNFT化が行われ、さらに二次流通機能が搭載される見込みだ。

4 現実の試合結果と連動する NFTカードゲーム

プロジェクト名 **PICKFIVE**

【発売日】2022年2月3日
【関連URL】https://pickfive.jp/
【プロジェクトオーナー】
川崎ブレイブサンダース
https://kawasaki-bravethunders.com/
株式会社DeNA
https://dena.com/jp/
【業種・業界】スポーツ、ゲーム

引用元：PICKFIVE

概要 利用後のアンケートにおいて96.4%が「また利用したい」と回答

　PICKFIVE（ピックファイブ）は、川崎ブレイブサンダースが行うバスケットボールの試合で、活躍する選手を予想して楽しむブロックチェーンゲームである。

　試合開始までに所有する選手のデジタルカードから5枚を選び、各選手の実際のスタッツ（プレー成績）が反映されたあとのスコアで順位を競う。ランキングの順位に応じてポイントが付与され、ポイントはサイン入りグッズ等と交換できる仕組みとなっている。

　本ゲームの試験提供が開始された2021年4月時点では、約4,000名の

ユーザーが利用し、利用後のアンケートにおいて96.4％が「また利用したい」と回答するなど高い支持を獲得していた。

　ゲームの改修や機能追加などを施し、2022年2月より正式リリースの運びとなった。2022年2月5日、6日のサンロッカーズ渋谷戦からホーム・アウェイともに川崎ブレイブサンダースの試合にて予想を受け付けている。

　また、正式版より有料にてデジタルカードの販売が始まった。デジタルカードはLINE Blockchain上のNFTと紐付いており、LINE BITAMAX Wallet（NFTなどのデジタル資産を管理するサービス）で保管されている。将来的にユーザー同士でデジタルカードを取引できる仕組みが導入される予定である。

　プロスポーツとNFT化されたカードをテーマにしたプロジェクトには、「NBA Top Shot」など海外では大きな成功を収めている事例があるが、国内としての主だった事例は少ないといえる。

　そこで本プロジェクトでは、日本に浸透しているコミュニケーションツールであるLINEのブロックチェーンを活用し、ユーザーの参入のしやすさを優先した。NFTに馴染みが薄いユーザーを想定したUXの設計がなされているため、気軽に遊んでみやすい点が本ゲームの魅力であろう。

　なお、PICKFIVEの開発は、川崎ブレイブサンダースと運営母体である株式会社DeNAが担当している。

　株式会社DeNAは、NFTを活用したデジタルアルバムサービス「NFTコレクション」や横浜DeNAベイスターズのNFTムービーコレクションサービス「PLAYBACK 9」など、NFTを活用したサービスを積極的に展開している。

　固有のシリアルナンバーが付与されるというNFTの特徴を活かした新しいユーザー体験を提供しており、今後手掛けるWeb3事業にも注目したい。

5 NFTチケットの保有で体験できる 快適なファーストトラック

プロジェクト名 **ニセコパウダートークン**

引用元：NISEKO TOKYU Grand HIRAFU

引用元：https://www.tokyu-land.co.jp/news/2022/001495.html

【発売日】第一弾抽選申込日：2022年12月1日〜2022年12月11日
当選発表日：2022年12月13日
第二弾抽選申込日：2023年1月1日〜2023年1月15日
当選発表日：2023年1月17日
【関連URL】https://niseko-nft.com/
【プロジェクトオーナー】株式会社HashPalette：https://hashpalette.com/
東急不動産株式会社：https://www.tokyu-land.co.jp/
【業種・業界】スポーツ、観光

概要 **アーリーエントリー権が付与されたNFT**

　ニセコパウダートークンは、スマートリゾートを推進する北海道倶知安町所在のスキー場「ニセコ東急 グラン・ヒラフ」にて、国内初の取組みであるアーリーエントリー権が付与されたNFTである。

　NFTのホルダーとなることで、通常のリフト営業開始8時30分より前の8時15分〜8時30分の間にチェックインし、その日誰よりも早く滑る

ファーストトラックを堪能できる。

　本NFTは、株式会社HashPaletteが運営するNFTマーケットプレイス
PLT Placeにて、パレットチェーン上のNFTとして発行されている。
　所定期間内に行われるデポジット式（購入希望者が支払いを先に済ませた上
で抽選を実施し、当選者以外には全額返金する販売方式）の抽選に当選すると、
400PLT（約5,000円）、もしくは400PLT相当の日本円でNFTを購入できる
仕組みである。
　2022年12月1日から12月11日までの10日間で第1弾の抽選受付が行わ
れており、同年12月13日に当選者が発表され、SNS上では当選者の喜び
の声が確認できた。

　NFTの使用可能期間は2022年12月24日から2023年2月28日までと
なっており、1シーズンのみ使用できる限定NFTではあるが、期限が過
ぎた後もホルダーには様々なサービスや特典の付与が予定されている。
　なお、日程の都合が合わなくなればマーケットプレイスでNFTを取引
できるため、個人の予定に合わせて柔軟に対応できる点も本NFTの魅力
といえる。

　ニセコのパウダースノーは、世界から認められる「JAPOW（Japan +
Powder + Snow）として認知されており、各国からスキーヤー・スノーボー
ダーが訪れている。NFTを活用することで、国内リゾートのさらなる魅
力を世界に発信し、新しい利用者層が訪れるきっかけをつくった事例とい
えるだろう。

6 NFTを活用したスポーツコンテンツの新しい価値・コミュニケーションの創出

プロジェクト名 NAGOYA GRAMPUS NFT COLLECTION

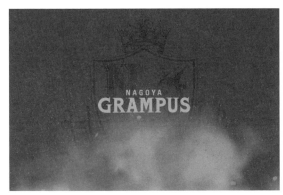

引用元：https://nagoya-grampus.jp/fan/nftcollection

【発売日】2022年10月25日
【関連URL】NAGOYA GRAMPUS NFT COLLECTION
https://nagoya-grampus.jp/fan/nftcollection/
【プロジェクトオーナー】株式会社名古屋グランパスエイト　大内悠資、中野卓磨
【業種・業界】スポーツ、サッカー、Jリーグ

概要 「クラブ30周年記念デザインのNFT」を無料配布

　名古屋グランパスは、「NAGOYA GRAMPUS NFT COLLECTION」の開発・運営を行っている。

　2022年10月25日にローンチした初のNFTである1st COLLECTIONは、名古屋グランパス30周年記念事業の取り組みの一つとして「クラブ30周年記念デザインのNFT」を無料配布した。

　また、お楽しみ要素として30周年記念デザインの中に30名様限定で「当たり」のデザインが入っており、その「当たり」のデザインのNFTを手に入れると、初回保有特典として「名古屋グランパスのサッカー観戦ペアチケット」をプレゼントするといった取り組みも実施された。

　その他にも、2022シーズンのホームゲーム最終戦の試合に来場したファンに「豊田スタジアム来場記念NFT」の配布を実施するなど、積極的に

NFTを活用している。

　他にも、Jリーグのシーズンが終わった11月〜12月には、日本代表に選出された相馬勇紀選手の「日本代表選出記念NFT」を実施した。こちらも即日受取完了となり名古屋グランパスの新しい取り組みがファンに浸透してきているようだ。

　名古屋グランパスは、『NFTが持つ「唯一性」や「コレクション性」は、メモリアルな記録や紡いだ歴史のリンシーンなどスポーツが持つコンテンツととても相性が良い』と話している。

　同時に、NFTで新しい体験価値をつくろうと模索をしている。

　今後は『NAGOYA GRAMPUS NFT COLLECTION』を通じて、ファンと、これまで以上に多くの思い出を共有する計画があるという。例えば、NFTオーナーになると入れるオーナー同士のコミュニティであったり、NFTオーナー限定の特別な体験ができたりする新しいサービスなど、NFTの持つ様々な可能性に、積極的にチャレンジしていく。

　有名サッカークラブがNFTを通じて新しい事例をつくるということは、スポーツ業界にもNFTの認知を広げるいいきっかけになるだろう。なお、販売はAdam byGMOにて行っている。

7 柔道グランドスラム2022の来場特典として配布されたNFTカード

プロジェクト名 『JUDO コレカ』

【公開日】2022年12月3日
【関連URL】https://nft-media.net/sports/judo-tokyo-2022/23104/
https://nft-media.net/sports/nft-sports-xcreation/23501/
https://www.judo.or.jp/volumetric/
https://nft-media.net/sports/judograndslam/24719/
【プロジェクトオーナー】スポーツ庁:https://www.mext.go.jp/sports/
公益財団法人 全日本柔道連盟:https://www.judo.or.jp/
協力企業　太陽企画株式会社:http://www.taiyokikaku.com/
キヤノンマーケティングジャパン:株式会社:https://canon.jp/corporate/profile
Xクリエーション株式会社:https://xcreation.co.jp/
【業種・業界】スポーツ

概要 選手が繰り出す得意技を様々な角度から見ることができる

　『JUDOコレカ』（ジュウドウコレカ）とは、柔道選手のオリジナルイラストや、選手の技の360度動画が格納されたNFTデジタルコレクションカード（以下、コレカ）である。

　スポーツ庁の「スポーツ×テクノロジー活用推進事業」において、NFTを活用したスポーツの新たな価値の創出として、Xクリエーション

株式会社がキヤノンマーケティングジャパン株式会社とともに推進したプロジェクトであり、NFTデジタルトレーディングカードを活用した、スポーツの新たな楽しみ方の提供を目的としている。

　具体的には、「柔道グランドスラム東京2022」の大会会場の来場特典として、全て異なるシリアルナンバー付きのデジタルコレカ3種類の無償配布を行った。

　3種類のデジタルコレカは、それぞれに特徴があり、1つ目は、3Dの動画データにより、選手が繰り出す得意技を様々な角度から見ることができるNFTデジタルカードの「VOLUMETRIC（ボリュメトリック）」カード。

　2つ目は、グランドスラム東京2022の記念「EVENT」カードである。カードの取得時点では白紙の裏面が、大会終了後には、優勝者の名前が追記されるというデジタルカードならではの特典が搭載されている。

　3つ目は、人気選手がアーティスティックに描かれたイラストの「JUDOKA」カードである。表面には選手の画像、裏面には選手のデジタルサインやスペックなどが掲載されている。このカードは、アプリ内NFTマーケットプレイス『PREMA』のストア内にて、販売中である。

　さらに「JUDOコレカ」には、2つの特徴がある。

　1つ目の特徴は、スマホをタッチするだけでデジタルカード（NFT）を入手できるという簡単さである。

　イベント会場に設置されたNFCタグ内臓ポスターに、交通系ICカードで改札を通るようにスマホをタッチするだけで、ユーザーの手元にJUDOコレカが配布される仕組みだ。

　大会会場でしか手に入らないカード（NFT）もあるため、リアル空間とデジタルコンテンツを融合した取り組みならではのNFTの体験を、NFTを触ったことのない方々にも簡単に体験してもらうことを可能とした。

　2つ目の特徴は、NFTマーケットプレイス『PREMA』において、リアルのコレクションカードと同様に、自由にトレードすることができる点である。

会場限定のカードも一般カードと同様に出品することができるため、開場限定のJUDOコレカは今後マーケット内にて価値が高まることも期待できる。

柔道好きかつ収集欲の高いファンの場合、リアルな場所に足を運んだり、マーケットプレイスで他のホルダーとトレードすることによってJUDOデジタルコレカをコンプリートしようとする者も出てくるかもしれない。

8 NFTアートを使い、馬の可能性を広げる

プロジェクト名 Rampage Horses Club (ランページホースクラブ)

【発売日】2021年11月
【関連URL】Rampage Horses Club オフィシャルサイト：http://rhc.jp/
opensea：https://opensea.io/collection/rampagehorsesclub
adam：https://adam.jp/stores/rampagehorsesclub
【プロジェクトオーナー】尾花龍一：https://twitter.com/amicoryu
【業種・業界】スポーツ、アート

概要 競走馬の永遠の課題である引退馬問題への支援活動も

　Rampage Horses Clubは、競馬のロマンや、スポーツとしての活動を伝えるために立ち上がったNFTプロジェクトだ。NFTはユニークな馬のイラストになっており、このプロジェクトを立ち上げたクリエイターの尾花龍一氏によって制作された。

　尾花氏はNFTアートの売り上げで現実世界の競走馬を購入し、ホルダー向けのコミュニティ内でその馬の日常生活や練習する様子、レースに出走するところ等を発信していく予定だ。

さらに、尾花氏は、競走馬は華やかなイメージが強いが、引退した後に焦点が当たることは多くはないと話し、競走馬の永遠の課題である引退馬の問題への支援活動も構想しているという。

　現在、約5,000頭の競走馬が1年間の間に引退する。その多くは乗用馬として乗馬クラブなどへ引き渡される。しかし、乗用馬として登録されている馬は現在およそ約7,000頭で、毎年競走馬から引退していく頭数と計算が合わない。実はそこには、年間200万円ともいわれる馬の維持費用などが原因で、人知れず処分されている馬たちがいるというのだ。

　尾花氏はこの問題を解決するためにNFTアートを販売し、まずは世界中の人々にこの現状を知ってもらい、さらに彼の競馬や競走馬への価値観を伝え、引退馬への興味を持つ人が増えれば、引退馬の問題解決のきっかけになるのではないかと考えているという。

　ホルダーにとって明確なユーティリティは現在ないものの、Rampage Horses Clubでは、これまでに20ETH（約960万円）以上の取引が生まれた。

　引退馬の問題を解決したいという強烈な想いを持った一個人が、自分の持つスキルを活かして、その想いを実現しようとする姿勢に賛同した人々が集まった事例であるといえよう。

第2章
ファッション

プロジェクト名 Into The Metaverse

引用元：アディダスジャパン株式会社プレスリリース

画像提供：@shr_mm29　https://twitter.com/shr_mm29

【発売日】2021年12月18日
【関連URL】https://shop.adidas.jp/metaverse/
https://opensea.io/collection/adidasoriginals
【プロジェクトオーナー】
アディダスジャパン株式会社：https://shop.adidas.jp/metaverse/
adidas Originals：https://shop.adidas.jp/metaverse/
gmoney：https://twitter.com/gmoneyNFT
PUNKS Comic：https://punkscomic.com
Bored Ape Yacht Club：https://boredapeyachtclub.com/#/
【業種・業界】スポーツ、ファッション

概要　メタバース上でも現実世界でも身につけられる洋服

adidas Originalsは、NFTアイコンのgmoney、Bored Ape Yacht Club、

PUNKS Comicとともに、ブランド初となるNFTコレクション「Into The Metaverse」をリリースした。

NFTのオーナーとなると、NFTゲーム「The Sandbox」等で使用できるバーチャルウェアラブル（メタバース上で身につけられる洋服）、それと同デザインの実際のプロダクト（現実世界で身につけられる洋服）を入手できる。日本時間の2021年12月18日に0.2ETHの価格で販売され、合計29,620枚のNFTを出品し、約26億円の売り上げを記録した。

世界のトップスポーツブランドと影響力をもつNFTアイコンが手を組んだことにより、ファンや投資家からは熱い視線が注がれた。adidas Originalsブランド史上初である点も話題性をもった理由と考えられる。

Into The Metaverseは、様々なデジタルとフィジカルのプロダクト（現実世界で身につけられる洋服）を入手できる権利が付与される、いわゆる「会員権」である。

デジタルのユーティリティ（特典）のみを付与するNFTコレクションが多いなか、フィジカルのユーティリティも得ることができる本NFTは、ユーザーがNFTをより身近に、よりリアルに感じられる事例といえるだろう。

実際、2022年末、2023年初頭には本NFTのホルダーに現物の洋服が届き始めていることがTwitter等で確認できている。

また、Adidas Originalsは、現在The Sandbox内にあるNFT化された土地の一部を取得し、NFTホルダーに対する限定コンテンツや体験を充実させる計画を進めているようだ。

10 メタバースの普及に向けた 戦略的NFTの活用

プロジェクト名 **Dunk Genesis CRYPTOKICKS**

引用元：https://twitter.com/RTFKT/status/1518336076796121090

【発売日】2022年4月
【関連URL】https://opensea.io/ja/collection/rtfkt-nike-cryptokicks
【プロジェクトオーナー】NIKE, Inc.：https://about.nike.com/en
RTFKT：https://rtfkt.com/
【業種・業界】ファッション、アパレル

概要 1足のスニーカーが、1,000種類以上のデザインに変化

　NIKE傘下で、バーチャルファッションやアバターの制作を手掛ける RTFKT（アーティファクト）が発売したNFTコレクション「Dunk Genesis CRYPTOKICKS」は、NIKEの人気スニーカーシリーズのDUNKをモチーフとした2万個限定のバーチャルスニーカー NFTだ。

　NFTのユーティリティとして、ユーザーはSkin Vialsという別のNFTを使用してスニーカーの見た目を変えることができる。これにより、1足のスニーカーが、1,000種類以上のデザインのスニーカーに変化する。

　また、Skin Vialsにはレアリティが存在し、希少なデザインに変化したスニーカーの中には150ETH（約6,000万円）で取引されたものもある。

　現実世界で世界的な人気を誇るNIKEのスニーカーに、さらにデジタル特有のデザインや、デザインを変えることができる要素などが追加された

ことにより、このバーチャルスニーカーも実物のスニーカーに負けずとも劣らないコレクションとなっているのではないだろうか。

　オンラインゲームの普及によって、ゲーム内で操作するキャラクターのビジュアルを自由に変えることができるキャラクターのスキンという要素は身近なものになりつつある。また、VRヘッドセットを使用して楽しむバーチャル空間でも、アバターやファッションアイテムによるビジュアルのカスタムが楽しまれている。

　Dunk Genesis CRYPTOKICKSのようなNFTプロジェクトが生まれた背景には、オンラインゲームやVRゲームの延長線上に、メタバースが存在し、今後さらに普及していくだろうという目論見があるのではないだろうか。

　NIKEはこれまでに、独自のバーチャルスニーカー「CryptoKicks」の特許を取得したり、仮想空間やオンライン上での「NIKE」の商標登録を出願したりと、メタバースでも自社ブランドを保護し、展開する準備を進めてきている。

　メタバースなどで扱われるデジタルコンテンツについて、ブランド等の商標がどのように扱われるのかは、曖昧な部分が残っている。しかし、NIKEの一連の動きからは、いち早くバーチャルファッションに参入し、自社のブランド価値がメタバース上でも存分に発揮される商慣習を自らの手でつくっていこうという考えが読み取れる。

　Dunk Genesis CRYPTOKICKSは、NFTを活用した自社ブランドの製品を提供することで、ファンにデジタルの世界においてもNIKEが唯一無二のブランドであるということを認知させ、バーチャル空間においてもブランド力を確かなものにする狙いがあるのだろう。これは壮大な背景が見え隠れする非常に戦略的な事例ではないだろうか。

11 NFTアート作品の共同所有権NFTの販売を通じた、ファンへの新たな体験価値の提供

プロジェクト名 「#FR2® コラボレーションアート」のオーナー権NFT

【発売日】2022年12月19日
【関連URL】https://nft-media.net/fashion/fr2/21527/
https://prtimes.jp/main/html/rd/p/000000128.000041724.html
【プロジェクトオーナー】#FR2：https://fr2.tokyo/
STRAYM ART AND CULTURE INC.：https://straym.com/ 【業種・業界】ファッション

概要 5種類のNFTアートの所有権をそれぞれ500個に分割

　ブランドアイコンのウサギのデザインが印象的な東京発のファッションブランド#FR2と、アートやNFTの所有権を分割し、オーナー権NFTとして売買できるプラットフォームSTRAYMを運営するSTRAYM ART AND CULTURE INC.、国内外で活躍するコラージュアーティストの河村康輔の3者がNFTアート「The First Mask」を共同制作。そのオーナー権をNFTとして発売した。

　NFTアート「The First Mask」は、#FR2初期に製作された象徴的なアイコンであるウサギのデザインをもとに、コラージュアーティストの河村康輔によってアートワークとモーションが加えられた作品である。「The First Mask」は全5種類で展開されており、レッドアイ・ブルーアイ・イエローアイ・グリーンアイ・グレーアイが存在する。
　一般的なアート関連のNFTプロジェクトでは、収益を目的とした参入や、投資目的での購入も少なくない。そのような状況下でただデザインが良いだけではなく、NFTアートのオーナー権を通じて、作品に込められ

た意味合いやストーリ　などを感じとることができるものにしたいという想いから、「The First Mask」には#FR2の設立初期から登場しているウサギを起用したデザインや、シュレッターのデザイン、モーションの組み込みなどが施されている。

　本事例では、5種類のNFTアートの所有権をそれぞれ500個に分割し、合計2,500個のオーナー権NFTが販売された。

　アートやNFTそのものを販売するのではなく、その所有権を分割して販売することで、実際の個数をはるかに超えた人数に共同所有者として、その作品を所有する体験を提供することができる。また、金銭的な負担も所有権とともに分散されるため、ファンが購入しやすくなるというのもメリットの一つだろう。

　ちなみに、この販売方法はアート作品を制作し、提供するブランド側にも利点がある。それは、希少価値が高いものをその価値を保ったまま複数人に提供することができるという点だ。アート作品の数を増やすのではなく、所有権を分割することで、ブランドの価値を支える希少性を保ったまま、多くのファンに向けて販売することが可能となっている。

　また、価格設定においても、分割する所有権の数だけ値段も分割されるため、ブランドの価値を落とさずに購入されやすい価格に設定することができる。これによりブランドを象徴するような重要なモチーフやデザインなどをファンと共有することが容易になる。

　所有権を分割して販売し、1つのものを複数人で共同所有するという方法は、取引の記録が安全に保管され、所有を証明することができるというNFTとブロックチェーンの特性により、権利の分割や、売買がより簡便に行えるようになったことで実現された方法である。

　#FR2にとって大きな意味合いを持つウサギをモチーフとしたNFTアート「The First Mask」は、NFTの特性を活用し、希少価値を保ったまま、多くのファンとその価値を共有することに成功した事例であるといえよう。

12 メタバースとリアルの両方で着られる 日本発のWeb3ファッションブランド

プロジェクト名 **VARBARIAN** (バーバリアン)

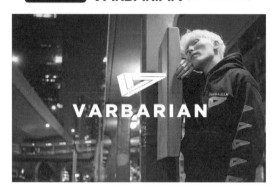

【発売日】2021年9月
【関連URL】公式HP：https://varbariancollection.com/
Twitter：https://twitter.com/varbarianNFT
IG：https://www.instagram.com/varbarian_official/
https://nft-media.net/fashion/varbarian/18840/
https://opensea.io/ja/collection/varbariancollection
【プロジェクトオーナー】Meo　Twitter：https://twitter.com/meotaiki

概要 アパレルブランドを持っていなくともブランドを始められる

　VARBARIAN（バーバリアン）は日本発のWeb3ファッションブランドである。将来的にデジタルファッション産業の需要が高まることを見据えメタバースやNFTに特化したブランドを展開している。

　2021年9月にNFTスニーカーのプロジェクトとして始まったこのブランドの由来は誰も履く
ことができない「野蛮
（=BARBARIAN）なス
ニーカー」といった意
味にVirtual（バーチャ
ル）の「V」を掛け合
わせたとのこと。

　現在は世界最大級のメタバースである Decentraland（ディセントラランド）に店舗があり、メタバースで着られるNFT「ウェアラブルNFT」を世界的にもいち早く展開している。

　2022年9月からは「メタバースとリアルの両方で着られる服」をテーマに、実際のアパレルアイテムの製作・販売も開始し、渋谷MODI本店1階にてポップアップストアを出店するなど多くの反響を呼んだ。

　各アパレルアイテムにはオリジナルの「NFCタグ」を縫合しており、スマートフォンを近づけるとNFCタグが反応し、NFTやデジタルデータ

を取得できる個別ページにアクセスすることができる。暗号通貨を持っていなくてもETHチェーンのNFTを取得することが可能だ。

　オリジナルアイテムの他には、「架空のサッカークラブ」をテーマとしたNFT付属アパレルアイテム「FCバーバリアン」や、NFTプロジェクト「NITROID」とのNFT付属コラボアイテムなどが販売された。NFTプロジェクト・その他企業とのコラボアイテムを用いた成長戦略を模索しているようだ。

2022年5月には、ジェネラティブNFTである「VARBARIAN COLLECTION」のホルダーに、継続的にアパレル商品の割引クーポンや、ウェアラブルNFTのエアドロップ、VARBARIAメタバースの限定BARへの限定入場などのユーティリティを提供している。

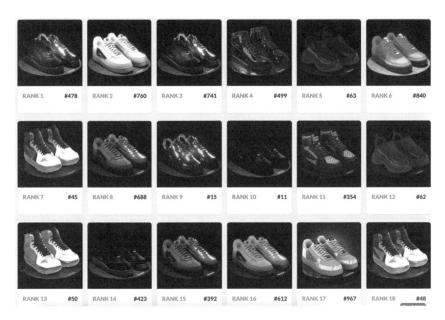

NFTを主軸にメタバースでアパレルを展開し、リアルな世界にその世界観を広げ、ユーティリティによってファンを抱え込み双方の世界で価値を体験できるような展開は、リアルな世界にアパレルブランドを持っていなくともブランドを始められるというビジネスの新しい可能性をつくっているといえよう。

ちなみに、Decentralandでのイベント開催やブランド活動の結果、本ブランドはメタバースコミュニティへの貢献が認められ世界で180件、日本で3件が現在認証されている、検証済みパートナーに認定されている。

プロジェクト名 『NFTiff』

【発売日】2022年8月6日（日本時間）
【関連URL】https://nft.tiffany.com/
【プロジェクトオーナー】
ティファニー・アンド・カンパニー・ジャパン・インク
WEB：https://www.tiffany.com/
SNS：https://twitter.com/TiffanyAndCo
【業種・業界】ファッション、アート

概要 「CryptoPunks」のデザインを忠実に再現

　『NFTiff』は、世界的高級ジュエリーメーカーであるTiffany & Co.（以下、ティファニー）がリリースしたNFTコレクションである。

　本作は、NFTアート「CryptoPunks（クリプトパンク）」所有者へ向けて制作されたもので、ティファニーの「NFTiff」ゲートウェイにて250個限定で販売される「NFTiffパス」を購入すると、購入者が持つ「CryptoPunks」のデザインをベースにした物理的なペンダントをオーダーすることができる。

　元となるNFTのデザインを忠実に再現するために、サファイヤ、アメジスト、スピネルなど様々な種類の宝石が用意され、1つの作品につき少なくとも30個以上の宝石が用いられているという。

　加えて、ペンダントをデジタルデータにしたNFTと鑑定書も付属する。

　価格は30ETH（約702万円）で、一人あたり3つまで購入可能であった。（現在は完売）

　このNFTは、NFTアートとして極めて有名なプロジェクトと世界的ジュエリーメーカーのコラボレーション事例である。

　本プロジェクトの構想は、同年4月にティファニーの副社長アレクサンドル・アルノー氏が、ティファニーの職人が制作したカスタムジュエリー「CryptoPunk #3167」の写真をTwitter上に投稿したことから生まれた。

　加えて、アルノー氏は同月にTwitter上で「ティファニーは、CryptoPunksのカスタムペンダントをつくるべきか？」というアンケートを実施。4,400以上の票が寄せられ、約80％が「つくるべきだ」と回答。構想段階から周囲を巻き込み、注目されたプロジェクトである。

　本事例のポイントは、従来"デジタルデータ"という形式で存在したNFTアートを「実体化して手元に所有する」ということを実現した点だろう。

　プロジェクトオーナーがティファニーであるため、今回はジュエリーという形だったが、NFT作品を実体化する、というプロジェクトは今後も生まれてくるだろう。

プロジェクト名 **COACH × MetaSamurai**

引用元：1BLOCK の Twitter より

引用元：1FASHIONSNAP.COM の Twitter

【発売日】応募開始：2022年6月17日　応募締切：2022年6月26日
当選発表：2022年6月28日　配付：2022年6月30日〜
【関連 URL】https://www.metasamurai.world/
https://opensea.io/collection/coach-metasamurai
【プロジェクトオーナー】1BLOCK STUDIO®
WEB：https://1block.world/　SNS：https://twitter.com/1block_official
COACH
WEB：https://japan.coach.com/　SNS：https://twitter.com/Coach
【業種・業界】ファッション、3D アート

概要 **ブランドの強烈なメッセージを NFT にのせて押し出す**

　COACH × MetaSamurai は、ファッションブランドの COACH と、
Web3 クリエイティブスタジオ 1BLOCK が手掛ける NFT プロジェクト

MetaSamuraiとのコラボレーションNFTである。

「LGBTQIA+」のコミュニティをサポートするためにCOACHが発信しているメッセージ「Go All Out For Pride（プライドのために全力を尽くす）」キャンペーンと連動し、「Pride Month（プライド月間）」をたたえる日本でのプログラムの一貫として本NFTが作成された。
※プライド月間…世界各地でLGBTQ+の権利を啓発する活動・イベントのこと。

　コラボレーションした限定NFT10体のうち9体は、公式オンラインストアにて抽選の受付が10日間行われ、残りの1体は1BLOCK公式Twitterにて48時間限定で抽選の受付が行われ、当選者10名にコラボレーションNFTがプレゼントされた。
　本プロジェクトは、大手ファッションブランドCOACHが関わっていることや、デザインの可愛らしさからSNSで話題となった事例である。

　MetaSamuraiは、ロサンゼルスと東京を拠点として活動するクリエイティブ集団「1BLOCK」が運営するNFTプロジェクトである。全3,333体の犬をモチーフにしたNFTは「I GOT YOUR BACK（君の後ろには"わたし"がいるよ）」という思想を宿しており、常に大切な人の味方でいられるような存在であってほしいという想いが込められている。

　また、COACHはブランドのバリューである「The Courage to Be Real（リアルに生きる勇気）」を掲げ、常に前向きに生きること、誰もが自分らしくありのままにいられることを目指している。
　本NFTは、COACHの代表的な特徴であるレインボーカラーの"C"で、コラボNFTが彩られており、それぞれのブランドの想いが込められたメッセージ性の強い作品といえよう。

　なお、COACHは2021年に初のNFTコレクションをリリースしてい

る。同年12月、ブランド創立80周年を記念して、同社のゲーム「Snow City」に登場する8匹の動物がNFT化され、全80点がプレゼントされた。

　この作品はホリデーシーズン（主にアメリカにおいて多くの人々が休暇を取る期間）におけるCOACHのテーマ「Give A Little Love（人を愛する気持ち、大切に想う心こそが最高のギフト）」にインスパイアされている。

　COACHの手掛けるNFT作品は、いずれも一貫したテーマやスローガンが設定され、独自性に富んでいる点が魅力である。ブランドの強烈なメッセージをNFTにのせて押し出した事例だといえるだろう。

15 1点物のコラボレーションTシャツを NFTアートとして出品

プロジェクト名 Chito : Redeemable T-Shirt with logo

【発売日】2022年3月
【関連URL】
https://rarible.com/token/0x60f80121c31a0d46b5279700f9df786054aa5ee5:632704:0x1395b
82d84a7054a180ea83c44eb54a56d9fa738
【プロジェクトオーナー】スプレーアーティスト　CHITO
SNS：https://www.instagram.com/sancheet0/
【業種・業界】ファッション、アート

概要 落札者にはTシャツ現物も

　Chito : Redeemable T-Shirt with logoは、デザイナーのCHITOがNFT
マーケットプレイス『Rarible』に出品した、アメリカ発のストリート
ファッションブランドである〈Supreme〉と、ファッションデザイナーの
山本耀司が設立したファッションブランド〈Yohji Yamamoto〉のコラボ
レーションデザインのNFTアート。

　CHITOはアメリカ、ワシントン州のシアトルで生まれ、メキシコを拠
点として活動するビジュアルアーティストであり、エアブラシを中心に多
様な手法を用いた表現が得意だ。

彼はGIVENCHYをはじめとした多くの有名ブランドとコラボレーションを行い、今やアメリカを中心とする世界中のポップカルチャーにも多大な影響を与えている。2022年12月には、原宿にて日本初の個展「TOUCH」も開催された。

　そんな彼は、2020年9月に発売した〈Supreme〉×〈Yohji Yamamoto〉コレクションにラインナップされたレザージャケットのスプレーペイントも手掛けた。
　本作品は、本コレクションのラインナップにはなかったデザインとなっており、両ブランドのロゴと犬のイラストが、CHITOの得意とするスプレーペイントで描かれているもので、1点限定で販売された。また、落札者にはNFTアートだけでなく、Tシャツの現物も贈られた。

　本作品は2つのブランドとデザイナーのコラボレーションという事例であったため、その背景をぜひ知りたいと取材を試みたものの、残念ながら回答が得られなかった。しかし、NFTを起点にブランドやアーティスト間のコラボレーションが増えていくのはファンとして嬉しい限りである。

16 ファッションブランドが手掛ける 持続可能性を追求したNFTコレクション

プロジェクト名 **Gap Threads**

引用元：Gap

引用元：Gap

【発売日】Common：2022年1月13日〜2022年1月15日
Rare：2022年1月15日　Epic：2022年1月19日　One of a Kind：2022年1月24日
【関連URL】https://www.gap.com/nft/
【プロジェクトオーナー】GAP Inc.：https://www.gapinc.com/en-us/
【業種・業界】ファッション

概要 地球に優しいブロックチェーンを採用

　Gap Threadsは、米大手アパレルブランドGAPがリリースした初NFT
コレクションで、ブランドを象徴するパーカーをモチーフにしたデジタル
アート作品である。グラフィックアーティストのブランドン・シネス氏が
手掛けるキャラクター「フランク・エイプ（Frank Ape）」とのコラボレー
ションNFTとして発行されており、注目を集めた。

　本コレクションは、一定期間販売する「Common」、数量限定の「Rare（4

色各250個）」と「Epic（100個）」、オークション形式で販売する1点物「One of a Kind」の4種類の作品で構成されており、GAPのNFT販売サイトにて2022年1月13日から販売が開始された。

価格はそれぞれCommonが2XTZ（約1,000円）、Rareが6XTZ（約3,000円）、Epicが100XTZ（約5万円）で販売され、RareのNFTは約5分で完売するなどファンの間で話題となった。One of a Kindは、1995XTZ（約100万円）で落札されている。

なお、CommonとRareの両方を保有するホルダーにはEpicの購入機会、Epicのホルダーにはフランクエイプの絵がデザインされたオリジナルパーカー（現物）を入手する権利、One of a Kindの落札者にはシネス氏のサイン入りオリジナルパーカー（現物）を入手する権利が与えられた。実際に2022年4月にはパーカーが届き始めていることがSNSで確認できている。

本コレクションの発行には、XTZ（テゾス）のブロックチェーンが採用された。GAPは「テゾスはエネルギー消費を最小限に抑える特徴を持っており、地球に対して正しいことをするという行動の一環として採用した」とその理由を説明している。

さらに「デジタル主導の世界で顧客の動向を見極めたい」とも言及しており、ファッション業界におけるデジタル体験が今後どのようになるのかを自社で実際にNFTプロジェクトを推進することで、理解しようとしていたことがわかる。

また、GAPは企業理念として「地球にとってより持続可能な未来を構築すること」を掲げており、テゾスのブロックチェーンを採用したことはGAPの環境保護に対する取り組みをより強調しているといえるだろう。

GAPの最高デジタル責任者であるジョンス・トレイン氏は「顧客と永続的な関係を築くために我々は常に進化している。地球に優しいブロックチェーンで、顧客と今までにない形でつながることができる」とコメントしており、今後も、NFTの技術を活用した新しいデジタルファッション体験の提供に前向きなことがわかる。

17 ファッションコンテストグランプリ受賞者とNFT クリエイターがコラボし、NFTアート作品を展示販売

プロジェクト名 Asia Fashion Collection

【発売日】2022年1月20日
【関連URL】https://www.vantan.jp/
https://vantan.jp/information/press/detail.php?e_id=7511&year=2023
https://nft-media.net/nft-production/asia-fashion-collection/6763/
https://nft-media.net/fashion/asia-fashion-collection-2/7544/
【プロジェクトオーナー】Asia Fashion Collection（AFC）実行委員会
https://asiafashioncollection.com/
https://vantan.jp/information/press/detail.php?e_id=7511&year=2023
【業種・業界】ファッション、教育

概要 アジアの若手デザイナーを発掘・インキュベート

「Asia Fashion Collection（アジアファッションコレクション）」は、株式会社バンタンと株式会社パルコが共同で主催している、アジアの若手デザイナーを発掘・インキュベートするプロジェクトである。

引用元：https://vantan.jp/information/press/detail.php?e_id=7511&year=2023

毎年、業界の最前線で活躍している方々を審査員とし、日本全国より応募した若手デザイナーの中から3名を選出、アジア各国の機構（過去の例として台湾テキスタイルフェデレーションやタイのサイアム・ピワットなど）とも連携し、各国の代表ブランドが、ニューヨーク・ファッション・ウィーク公式コンテンツとしてランウェイデビューを行っている。

　2022年度はニューヨーク・ファッション・ウィークへの出場権を獲得した6ブランドとnanakusa公認アーティスト6名のコラボレーションが実施され、NFT作品13点が、NFTマーケットプレイス『nanakusa』（現SBINFT Market）にて販売。現在は3点が販売されている。

　販売と同日には、仮想空間『Cryptovoxels（クリプトボクセルズ）』にて展示も行われた。

　今回の取り組みに参加したクリエイターは、年齢やキャリアや作品への向き合い方も様々であったが、NFT×ファッションの領域において新しい可能性を感じさせるものであり、今後のリアルとデジタルのコラボレーションにおける参考事例の一つとなるだろう。

東京のスニーカーカルチャーを世界へ発信し続けるショップが、日本初のバーチャルスニーカーをリリース

プロジェクト名 『atmos x 1Block "ELEPHANT"』

【発売日】オークション開始日時：2021年10月8日（金）18:00（日本時間）
オークション終了日時：2021年10月15日（金）17:59（日本時間）
【関連URL】https://1blockland.world/
https://1block.world/main.html
【プロジェクトオーナー】atmos　WEB：https://www.atmos-tokyo.com/
1Block　SNS：https://twitter.com/1block_official
【業種・業界】ファッション

概要 1点限定。1週間のオークション期間を設けて販売

『atmos x 1Block "ELEPHANT"』は、東京のスニーカーカルチャーを世界に向けて発信し続けるショップ「atmos」と、日本初のバーチャルスニーカーを全世界でリリースしたデジタルファッションレーベル「1Block」のコラボレーションNFTである。

「スニーカーに生命を宿したら？」というテーマのもと、「atmos」の象徴的なエレファント柄を用いた"アトモスエレファント"から着想を得つつ、90年代のストリートを彷彿とさせるデザインのスニーカーが生命を宿し、スニーカーの精霊である"ELEPHANT"が煙に包まれて現れるというものだ。

「生命を宿す」というテーマの通り、エレファント柄のスニーカーが動い

て、中から煙と一緒に象が出現するという、魔法のランプをイメージした
ファンタジー要素のあるメインビジュアルとなっている。

「1Block」を運営する 1SEC inc. は、『デジタルスニーカーをベースにした
新しいカルチャーや、次の未来をつくっていきたい』と語っており、原宿
からカルチャーを発信する「atmos」とコラボレーションした本作は、こ
れまで NFT を知らなかったファッションシーンの人々の中で NFT ファッ
ションアイテムの認知度が高まったという点では、その未来への足掛かり
となっただろう。

　本作は1点限定。NFT マーケットプレイスの OpenSea、Rarible、
1Block SHOP の3箇所にて、1週間のオークション期間を設けて販売さ
れ、日本円にして約50万円で落札された。
　2023年1月現在、OpenSea、Rarible ともに転売等もされておらず、デ
ジタルファッションとしてホルダーにコレクションとして大切にされてい
るのであろう。

19 裏原宿ストリートファッションブランドによる ファンコミュニティの形成

プロジェクト名 **(B)APETAVERSE** (ベイプタバース)

【発売日】2022年3月
【関連URL】www.bapetaverse.com
https://twitter.com/bapetaverse
https://www.instagram.com/bapetaverse/
https://opensea.io/collection/bapetaverse-official
【プロジェクトオーナー】株式会社ノーウェア (A BATHING APE®)
WEB：https://bape.com/ SNS：https://twitter.com/BAPEOFFICIAL
【業種・業界】ファッション

概 要 **10,000点もの限定NFTが公開され、完売**

『(B)APETAVERSE』は、ベイプヘッドと呼ばれる猿の顔のアイコンが特徴の裏原宿ストリートファッションブランドA BATHING APE® (以下、BAPE®) が立ち上げた、ファンのためのNFTコミュニティである。

ユーザーたちは、この空間を通じて、様々なコンテンツにアクセスすることが可能になる。これまでに10,000点もの限定NFTが公開され、完売している。

NFTのデザインは、ブランドのアイコンである猿を象徴としたもので、精巧な3D作品だ。1体1体のNFTは、装飾品はもちろん、表情や顔、毛の色などが異なっており唯一無二のデザインを楽しむことができる。

BAPE®は、2021年4月に姉妹ブランドのAAPEとともに、マーケットプレイスのMintableでNFTを販売した事例はあるが、コミュニティを提供するのは初となる。

　ロードマップとして「他のNFTプロジェクトを凌駕する」というものを掲げており、ただNFTを販売していくだけでなく、BAPE®ファンに向けた限定イベントや、ホルダーへのマーチャンダイズ計画が発表されており、様々なコンテンツが用意されている。既に、NFTホルダーへTシャツプレゼントなどが行われたようだ。
　世界的な有名ブランドや、著名アーティストなどとのコラボレーションなど、ファッションのカテゴリーにとらわれない、ジャンルレスな活動を行うBAPE®が始めたこのプロジェクトは、会員限定コンテンツを通じて世界中のファンに共通の体験をしてもらい、一体感をつくろうとしている。

　BAPE®が掲げる「他のNFTプロジェクトを凌駕する」という目標は、熱量の高いファンたちによって達成されるのだろうか。
　また、プロジェクト名からうかがえるように、メタバース空間はつくられるのか、アパレルブランドとしてメタバース上でどのような活動が展開されるのか、今後の施策やプロジェクトの盛り上がりに注目したい事例である。

第3章
地方創生

プロジェクト名 **山古志村デジタル住民票を兼ねた「Nishikigoi NFT」**

引用元：Okazz's work "Colored Carp"
山古志住民会議 note　世界初。人口 800 人の限界集落が「NFT」を発行する理由
https://note.com/yamakoshi1023/n/n1ae0039aa8a4

【発売日】2021 年 12 月 14 日
【関連 URL】山古志住民会議：https://note.com/yamakoshi1023/
Nishikigoi NFT：https://nishikigoi.on.fleek.co/
山古志住民会議：Twitter　https://twitter.com/yamakoshiMTG
【プロジェクトオーナー】山古志村住民会議　https://note.com/yamakoshi1023/
【業種・業界】地方創生、デジタルアート

概要 **人口 800 人＋デジタル住民 10,000 人の新しいクニづくり**

　長岡市公認で、限界集落「山古志地域」が NFT を発行し、メディアか
らも取材を受けるなど、大きな注目を集めたプロジェクト。このプロジェ
クトは当初から「800 人＋10,000 人の新しいクニづくり」を掲げていた。
山古志地域（旧山古志村）の人口は約 800 人、そこに 10,000 人のグローバル
なデジタル住民を加え、独自の自治圏をつくろうという試みだ。

　そのため、山古志地域のデジタル住民票を兼ねた錦鯉をシンボルにした
デジタルアート「Nishikigoi NFT」を、2021 年 12 月 14 日に発行した。（販
売点数 10,000 点、販売価格 0.03ETH）山古志村住民会議の発表によれば、発行
後 2 カ月の購入者の約 40％が初めての NFT 購入者であり、NFT を接点に

して約350人ものデジタル村民が誕生したという。

　プロジェクトが目指すのは、山古志なりの暮らしや文化、アイデンティティに共感する人々を世界中から探し、山古志を守り、共につくっていく仲間を増やすことだ。

　人口が減り続ける限界集落「山古志」を存続させるために、有名な観光地を目指したり、大規模な産業や農業を振興し、多くの人に来訪してもらうことを目指すものではない。従来型の地方創生へのアプローチとは質を異にするものであり、存続か消滅かの岐路に立つ山古志の未来にとって、最後の挑戦ともいえるプロジェクトとなっている。

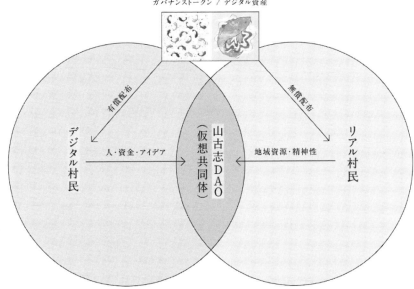

　自然資源や錦鯉、牛の角突きをはじめとする独自の文化を保持し続けるリアルと、
物理的な制約をこえて無限に広がる仮想空間が組み合わさることによって、
山古志DAO（仮想共同体）は形成される。NFTをツールとして採用することで、
複数のユーティリティを包含しつつ、新しい関係性のデザインを可能としている。

引用元：山古志住民会議 note "web3 ×ローカル"
山古志村が問いかける「ローカルDAO」の未来
https://note.com/yamakoshi1023/n/neb3e15deda65

デジタル村民は専用のコミュニティチャットルーム（Discord内）でコミュニケーションを取ることができ、提案・投票にも参画できるなど、可能な限り民主的な手法を取り入れた地域づくりに携わることができる。

　また、NFTの販売益を独自財源に充てることで、山古志地域に必要なプロジェクトや課題解決を推し進めることも可能となる。

　自律的なアクションを求め、一部の予算執行権限を渡す取り組みも行った。具体的には、デジタル村民に対して、第1弾セールの売上の約30％（約3ETH）を活動予算として、山古志地域を存続させるためのプロジェクトプランを募集。その上で、公開ディスカッションを経て投票することで、デジタル村民同士が協働して地域づくりを行っていくクニづくりを体現する取り組みも行った。

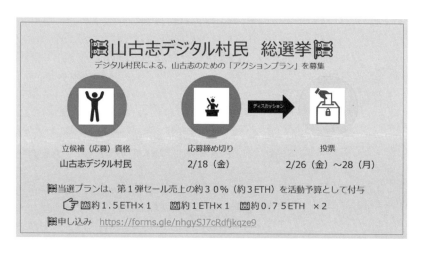

　2022年12月16日現在のデジタル村民数は1,037名、発行量は1,470、初期売上は41.4ETH（14,490,000円　※1ETH=35万円で計算）となっている。「まだ道半ば」と同団体が表現しているように、目標とするデジタル村民10,000名には届いていないが、デジタル村民の数はリアルな山古志村民の数を超えている。

　NFT発行をきっかけに、デジタル村民が集うメタバース空間がメンバーによってつくられたり、地域のお祭りや震災追悼イベントをデジタル

村民が手伝いに行くなど、デジタルとリアルの両面で様々な活動が展開されているようだ。また、リアル山古志村で就職するデジタル村民も出てきている。

　なお、非常に興味深いのがデジタル村民から「リアル村民にNFTを無償配布する提案」が出され、実際にコミュニティ内で投票が行われた。結果は賛成100%で可決され、リアル住民に対してウォレット作成方法を教えるなどの支援を行いながら、NFTが配布されたのである。
　デジタル村民が有料で購入したものをリアル村民に無償配布する試みが、提案・投票のプロセスを経て、コミュニティの総意で実施された一連の動きは、デジタルとリアルの融合における新たなクニづくりの可能性を感じさせてくれる。

　地方創生にNFTを活用した事例として、ロールモデルと呼ぶに相応しく、他の地域からの相談も多数寄せられているという。
　山古志住民会議は、定期的に情報発信を行っているため、進捗状況はもちろんのこと、リアルとデジタルの融合の難しさや葛藤を垣間見ることができるのも面白さである。NFTホルダーになれば、よりリアルを感じられるだろう。

プロジェクト名 ルーラNFT×温泉むすめ×MITSUMORI CAFE
炭酸せんべい新作スイーツメニュー誕生コラボNFT

【発売日】2022年11月22日
【関連URL】https://prtimes.jp/main/html/rd/p/000000015.000093692.html
【プロジェクトオーナー】（株）ルーラ：https://www.rural.ne.jp
http://www.corporate.rural.ne.jp/
【業種・業界】地方創生、web3業界、観光業

概要 「指定された場所を訪れないと購入できない」NFT

　ルーラNFTは、全国の観光地にあるルーラ加盟店（ルーラNFTが手に入る店舗）で購入することができる日本初のローカル（観光体験型）NFTである。観光業界の集客課題に取り組んでいる株式会社ルーラが一人でも多くの人が観光地を訪れるようにと開発した。

　NFTは基本的にマーケットプレイスを通せば、いつでも、どこにいても購入することができる。しかしルーラNFTの特徴は、「指定された場所を訪れないと購入できない」ことにある。

　あえてこのように制限したのは、観光地に実際に訪れてもらうためだ。具体的にルーラNFTを購入するには、ルーラwebアプリを取得後、アカウントを発行し、観光地にあるルーラ加盟店のQRコードと位置情報チェックをクリアする必要がある。その後、独自の通貨であるルーラコイン払いで購入することができる。ルーラコインは1コイン＝1円（さらに10%のボーナス付き）と定められているデジタル通貨である。

今回はこのルーフNFTを用いて有馬温泉の温泉もすめ「有馬輪花」と「有馬楓花」の2キャラクターが有馬温泉にある「MITSUMORI CAFE」の店員に扮した設定の描き下ろしイラスト2種類をNFT化して有馬温泉各所のルーラ加盟店にて販売した。

本NFTにはコンテンツ価値、体験価値の2つの価値がある。

コンテンツ価値としては以下の4つだ。

1つ目は温泉地を擬人化した温泉もすめキャラクターと加盟店の特徴がコラボした書き下ろしイラストであること。

2つ目はカードのレアリティだ。下からR、SR、SSR、URと希少度合いが定められており、SSRランク以上は、キャラクターが加盟店の店員になっているなどの設定を楽しめる撮り下ろしボイスコンテンツが聞ける。

3つ目は現時点では1種類あたり100枚限定かつシリアルナンバーがついており、売り切れたら再販はされないため、希少性が高いことだ。

4つ目はカードのイラストやボイスの中に観光地の特徴が組み込まれており、コンテンツを通じて現地の魅力に触れることができる点である。

次に体験価値は2つ。1つ目は加盟店からの特典や特別メニューの提供などのユーティリティ体験である。日帰り温泉入浴料500円割引や、お土産店で地元の特産品を購入するとキャラクターグッズがおまけでもらえるなど、各加盟店の特徴にあわせた豊富なユーティリティが揃っている。

2つ目はNFTホルダーの力でリアルを生み出す共同達成体験である。具体例として本NFTに続いてつくられた炭酸せんべいを活用したメニューが人気の「MITSUMORI CAFE」とのスイーツメ

ニュー誕生コラボレーションNFTが挙げられる。

　本NFTは有馬温泉の温泉むすめ2キャラクターの特徴を活かした「ティラミスタワー」と「雪だるまアイス」というメニューを運営が空想で開発し、NFTのイラストに反映したもの。50枚以上販売されると新作メニューとして実際に販売されるという企画として6,800円で販売を開始。

　発売から約3カ月で各50枚の販売を達成したため、2023年2月4日に、「MITSUMORI CAFE」にて新作メニューお披露目会イベントを開催し、1,500円のスイーツを購入しようというNFTホルダーが多数現地を訪れた。

　ルーラNFTによってルーラ加盟店は、NFTの購入のために訪れた新たな客層と売上を得ることができた。他にも、現在は来店できなくとも、将来来店する見込みのある人がホルダーとして一定数存在することは大きい。

　また、ルーラNFTのホルダーにとっても、リアルな場で自分たちのアクションによって新しい何かが生み出されるという体験が得られる。観光体験付きNFTで観光地の集客課題を解決しようとする事例である。

22 地域産品を通じ"第二のふるさと"に参加できる試み。夕張メロンが1玉届く！

プロジェクト名 JA夕張市公認 夕張メロン「デジタルアンバサダー」

【発売日】2023年1月21日
【関連URL】https://yubari.metown.xyz/
【プロジェクトオーナー】MeTown株式会社
WEB：https://www.metown.xyz/　SNS：https://twitter.com/MeTown_jp
夕張市農業協同組合
WEB：https://www.yubari-melon.or.jp/　SNS：https://twitter.com/ja_yubari
【業種・業界】地方創生、農業、地域産品

概要 地域との「関わりしろ」をつくった事例

　JA夕張市公認、夕張メロン「デジタルアンバサダー」プログラム（通称：夕張メロンNFT）は、夕張メロンのファンの輪を世界中に広げることを目的としたNFTプロジェクトだ。

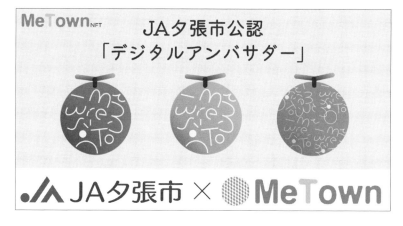

　夕張メロンは、北海道夕張市内でのみ生産が許されている希少なブランドで、現在は作り手の高齢化等により、生産量が減少傾向にある。そこで、夕張メロンの作り手を支えるファンの輪を広げるべく、JA夕張市とMeTown株式会社によって本NFTプロジェクトが立ち上げられた。

　夕張メロンNFTの主な特徴は3つある。

1つ目は全国のJAで初のNFT活用の事例であることだ。まだ農業の分野でNFTを活用した取り組みが少ないなかで、日本の地域農業を支える「農業協同組合」がNFT活用に参入した意味は大きい。

　また、プロジェクトの内容としても、NFTアーティスト/4ge氏とのコラボレーションにより、デザイン性の高い888種類のジェネラティブアートを制作するなど、農業への新しい関わり方を感じさせる事例である。

　2つ目は「夕張メロンを1玉受け取れる」というリアルな体験とのつながりが得られること。販売されたNFTに付随して、「夕張メロンを1玉お届けする権利」が付与され、NFTを通して地域産品を贈るという体験を実現した。

　夕張メロンは従来からお中元用の高級ギフトとして利用されていたが、メロンそのものを贈るのではなく、「メロンが受け取れるNFTを贈る」という新しいお中元のあり方も誕生した。

　3つ目は夕張メロン農家とNFT保有者が一丸となって活動するデジタルコミュニティの存在だ。

　従来は「骨を埋める覚悟」がないと地域コミュニティに参加しにくい雰囲気があった。そこで、夕張メロンという地域産品を通じて、実際に地域の人と共にホルダー自身のできる範囲で地域のプロジェクトに参加できる新しい関わり方を提示した。いわゆる地域との「関わりしろ」をつくった事例であるといえよう。

　このように夕張メロンNFTの購入者は、デジタルアートを楽しんだり、夕張メロン1玉を誰かにプレゼントしたり、地域活性化に離れていながら参加できたりと、種類の異なる体験がユーティリティとして得られたのである。

　MeTown株式会社のFounderである田中一弘氏は、自身が北海道出身で高校生の時に夕張市の財政破綻を目の当たりにした経験から、地方創生に関するプロジェクトを立ち上げたいと兼ねてから考えていたという。

　本事例はNFTを通して地域産品を提供しながら、関係人口の創出を促進する、NFT×地方創生における大変重要な事例であろう。

23 鉄道開業150年を記念した鉄道NFTの販売

プロジェクト名 JR西日本　懐鉄NFTコレクション

【発売日】2022年10月14日
【関連URL】https://www.jr-odekake.net/railroad/natsutetsunyujouken/nft/
https://nft.line.me/store/brand/50
【プロジェクトオーナー】JR西日本グループ
【業種・業界】その他、鉄道

概要　32日間連続で、1日に1つの列車のNFTを販売

JR西日本グループは、鉄道開業150年を記念して、「鉄道の日」の2022年10月14日から、LINE NFTにおいて、鉄道NFT『JR西日本　懐鉄NFTコレクション』を期間・数量限定で発売した。

このNFTは、鉄道開業150年の記念すべき節目の年にJR西日本発足後に西日本各地で活躍した32種類の優等列車をテーマにして発売された「西日本懐鉄（ナツテツ）入場券」を題材にしている。JR西日本グループが公式で発行する鉄道のデジタルアートを西日本エリアのみならず全国各地の鉄道ファンも楽しむことができるよう、NFTを活用したという。

32種類の列車ごとに、トレーディングカードNFT、3Dフィギュア NFT、トレインマークNFTの3タイプのNFTが存在し、合計96種類のNFTが販売された。それぞれのNFTは各100個限定、1カ月間限定で販売が行われた。

販売方法も特徴的で、32日間連続で、1日に1つの列車のNFTが順次発売された。また、どの列車のNFTが発売されるかは、発売前日の12時（正午）に特設ホームページと公式Twitterで発表され、発売そのものを楽しめるような施策が施された。

　発売初日に登場した人気寝台特急『トワイライトエクスプレス』のNFTは、3Dフィギュアタイプが発売開始からわずか2分、全3種類が8分足らずで完売した他、限定500個で先行発売した『500系新幹線NFT』も、発売開始から5日間で完売するなど、高い注目を集めた。

　LINE NFTを採用しているため、ユーティリティとして、LINEおよびLINE NFTのプロフィールアイコンにNFTを設定することができる。

　また、3DフィギュアNFTは32種類の各列車が回転する動画になっており、「鉄道唱歌」など懐かしの車内チャイムを再生することが可能とのこと。「鉄道唱歌」は、京都鉄道博物館に収蔵されたオルゴールから採音されるなど、ホルダーのことを考えたこだわりの詰まったNFTとなっている。

　さらに、10個以上のNFTの購入で金色の『500系新幹線』NFTを、20個以上の購入で金色の『トワイライトエクスプレス』NFTをプレゼントするキャンペーンや、鉄道ゲームアプリ「プラチナ・トレイン」「ナッテツパズル」と本キャンペーンが連動して、ゲーム内で使用できる列車や、通貨をプレゼントするキャンペーンも同時に実施された。

　本事例では、全国の鉄道ファンに向けて、地理的な制約を超えたコンテンツの提供を実現した。また、32日連続でのNFTの発売や、複数購入特典、ゲームタイトルとの連携など、大きなプロモーション施策を実施したNFTという点が特徴といえるだろう。

JR北海道商品化許諾済/JR東日本商品化許諾済/JR東海承認済/JR西日本商品化許諾済/JR四国承認済/JR九州承認済

24 文化財の鑑賞記念として配布される デジタル文化財カード

プロジェクト名 **ナゾトキ文化財めぐり『天空の秘境と夢幻手稿』**

引用元：HUNTERS VILLAGE

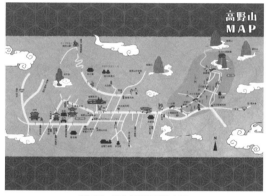

引用元：HUNTERS VILLAGE

【発売日】イベント開催期間：2022年9月1日〜2023年3月31日
【関連URL】https://huntersvillage.jp/quest/koyasan_bl
【プロジェクトオーナー】凸版印刷株式会社：https://www.toppan.co.jp/
南海電気鉄道株式会社：https://www.nankai.co.jp/
株式会社DMC高野山：https://www.dmckoyasan.com/
【業種・業界】地方創生、観光、教育

概要 隠された宝を見つけ出す体験型のプログラム

「ナゾトキ文化財めぐり『天空の秘境と夢幻手稿（むげんしゅこう）』」は、
世界遺産の高野山を舞台に、隠された宝を見つけ出す体験型のプログラム
である。

このプログラムは2022年9月1日から2024年3月31日まで開催されており、参加するためには南海なんば駅2階サービスセンターや、タカラッシュオンラインショップ等で2,500円の参加キット（謎解きに必要な冊子）を購入しなくてはならない。そのキットを手に奥之院や壇上伽藍をはじめとする高野山の文化財をめぐりながら、各所に仕掛けられた謎を解き明かしていくことで、高野山の多様な魅力を楽しめるのである。

　また、本プログラムの所要時間は5時間に設定されており、一日楽しめるボリュームの謎解き体験が用意されているため、高野山の雰囲気を十分に味わうことができるだろう。

　謎解きの過程で訪れる複数のチェックポイントには二次元コードが設置されており、参加者はスマートフォンを使って二次元コードを読み取ることで、NFT文化財カードを受け取れる。

　NFT文化財カードとは、全国の文化財を題材にしたカード型のデジタル画像であり、2023年1月時点において、全部で5種類のカードが発行されている。現代に受け継がれた地域の宝である文化財の魅力を、より身近に感じてもらうことを目的に作成された。

　デジタルデータの保有を可能にするNFTの仕組みを活用することで、鑑賞した文化財を思い出として持ち帰るだけでなく、さらに深く知るきっかけをつくっており、NFTによって体験価値がより高まり、学習機会の創出にもつながっていることがわかる。NFTの技術が歴史ある文化財の伝承に貢献している事例といえる。

　また、本プログラムを運営する凸版印刷、南海電鉄、DMC高野山は「和歌山県高野町における総本山金剛峯寺文化観光拠点計画」の文化観光推進事業者として、地域の活性化に取り組んでいる。地方創生の有効な手段として、いずれはNFTの活用が各自治体で行われていくかもしれない。

25 日本初の複数自治体横断型DAOによる デジタル村民コミュニティ創設

プロジェクト名 日本で最も美しい村デジタル村民の夜明け事業

【発売日】プレスリリース時期：2022年10月28日（選定日：2022年9月2日）

【関連URL】

日本で最も美しい村 デジタル村民の夜明け事業　プレゼンテーション資料

https://www.chisou.go.jp/tiiki/kankyo/teian/2022sdgs_pdf/presentation/02_P_chizucho.pdf

『日本で最も美しい村 デジタル村民の夜明け』事業が、内閣府『広域連携SDGsモデル事業』に選定　https://prtimes.jp/main/html/rd/p/000000007.000101482.html

日本初、複数自治体の連合DAO「美しい村DAO」の開発に着手

https://prtimes.jp/main/html/rd/p/000000513.000003955.html

【プロジェクトオーナー】

合同会社 美しい村づくりプロジェクト：https://www.visit.utsukushii-mura.jp/

鳥取県智頭町（代表）：https://www1.town.chizu.tottori.jp/

静岡県松崎町：https://www.town.matsuzaki.shizuoka.jp/

株式会社ガイアックス：https://www.gaiax.co.jp/

【業種・業界】地方創生

概要 600km離れた2つの町（鳥取県智頭町、静岡県松崎町）が連携

　合同会社美しい村づくりプロジェクトは「日本で最も美しい村デジタル村民の夜明け事業」を推進している。「日本で最も美しい村」連合に加盟する、約600km離れた2つの町（鳥取県智頭町、静岡県松崎町）が連携し、美しい村ネットワークとDXを駆使して取り組む事業となっている。

　DAO方式で管理する「デジタル村民コミュニティ」を創設し、各町村が持つ様々なコンテンツをNFTとして発行、村民としてのインセンティブを提供することで、関係人口の増加と地域課題解決・経済循環の基盤と

し、過疎地における新たな社会構造を形成する狙いがある。

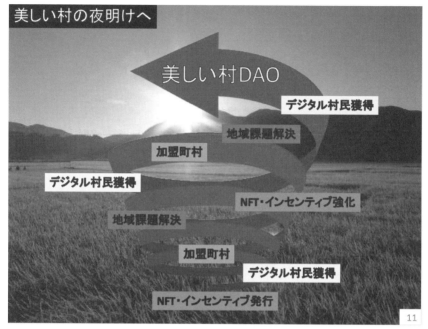

日本で最も美しい村 デジタル村民の夜明け事業　プレゼンテーション資料
参照　https://www.chisou.go.jp/tiiki/kankyo/teian/2022sdgs_pdf/presentation/02_P_chizucho.pdf

　NFTを購入することで、美しい村DAOのメンバーとなり、美しい村の魅力を広げていく地方創生コンテンツをNFT化していく企画に関わることができる。また、デジタル村民証となるNFTを保有することで、実際の村民と同じように村民向けサービスなどの特典を受けることができる。
　株式会社ガイアックスが、ブロックチェーン技術を活用したNFT販売プラットフォーム開発やDAO自走のためのコミュニティサポートを行っており、プロジェクトを通じて、行政団体によるDAOを用いた課題解決に挑戦し、地方創生の新たな形の構築を模索する事例である。

　美しい村DAOの特徴は大きく分けて3つある。
　1つ目が日本初の複数自治体横断型DAOであるということだ。財政難や人材不足などの問題を抱える地方自治体では、単独でDAOを組成する

ことが難しい場合が想定される。そこで複数の自治体が連携したDAO
を、美しい村という共通ビジョンを持つ自治体がつくり上げることで、よ
り効果的に地方創生を行うことができる。

　2つ目にDAO自走のためのコミュニティサポートをDAO実装コンサル
ティングの実績を持つガイアックスが担当し、専門的な知識を注入する。

　3つ目がNFTを買って応援の輪の中に入る参加型であることだ。単に
購入して応援するだけにとどまらず、NFTを購入したホルダーがDAOメ
ンバーとなり、美しい村DAOで制作するNFTをDAOメンバーの投票で
決議し、美しい村という世界観を維持するという、買って応援の輪に入る
参加型DAOとなっている。

※DAOの正式名称は、Decentralized Autonomous Organization（分散型
　自律組織）で、その頭文字を取ってDAOと呼ばれる。従来の組織体制と
　は異なり、中央管理者や組織の代表者が存在せず、インターネットを
　介して誰でも自由に参加でき、組織メンバーの投票などによって組織
　の意識決定がなされるのが特徴。スマートコントラクトに書き込まれ
　た運営ルールが開示されているなど、透明性が高いことも特徴の一つ。

26 NFTが生み出す 新たな地方創生のカタチ

プロジェクト名 兵庫県尼崎市の非公認ご当地キャラクター 「ちっちゃいおっさん」がNFT化

©UPRIGHT

【発売日】2022年1月28日（金）
【関連URL】https://nft.hexanft.com/list/chicchai_ossan
https://hexanft.com/ https://www.for-it.co.jp/
【プロジェクトオーナー】
メディアエクイティ株式会社：https://mediaequity.jp/
株式会社フォーイット：https://www.for-it.co.jp/
ちっちゃいおっさん【公式】兵庫県尼崎市非公認ご当地キャラクター：https://co3.tv/
【業種・業界】地方創生、ご当地キャラクター、オープンガバナンス

概 要 ご当地キャラクターとNFTを掛け合わせた事例

「NFT×地方創生」を目的に、兵庫県尼崎市の非公認ご当地キャラクター
「ちっちゃいおっさん」のNFTが販売された。NFTのデザインには、ちっ
ちゃいおっさんのLINEスタンプのデザインが使用された。ファースト
セールでは5個のNFTが3分で完売、セカンドセールでは15個のNFTが
4分で完売した。

　ちっちゃいおっさんのNFTの販売の背景には、行政と市民がともに活

動を支え合う "オープンガバナンス" によるトークンエコノミーの形成という目的があるという。

　ちなみにオープンガバナンスとは、行政がデータやノウハウを公開し、その情報を元に、市民が主体的に地域課題を解決していくというものだ。実現のためには、行政の変革に加えて、市民の地域に対する関心や愛着を高めることが必要となる。今回のNFTの販売は、オープンガバナンスの実現へ向けて着実に動いているといえるのではないだろうか。

　また、このプロジェクトが立ち上げられたもう一つの理由は、「大切なこと＝道徳（感謝の気持ち、あいさつ、思いやり）、ユーモア等」を伝えるべく活動しているちっちゃいおっさんがNFT化することで、ファンに喜びを届け、尼崎や日本の未来を明るくできるのではないかという想いがあるそうだ。

　キャラクターに込められた想いをファンに届ける役割としてNFTが活用されている。

　本事例は、NFTを購入することで地域経済に貢献することができるという新しい地方との関わり方を創出した。また、これまで地方創生を実現するために活動してきたご当地キャラクターとNFTを掛け合わせたという点も特徴的である。

　地方自治体で活動するご当地キャラクターの活動範囲を、NFTを通して拡大した事例といえるだろう。

プロジェクト名 北海道余市町×あるやうむ×My Crypto Heroes
によるふるさと納税NFT

夏至頃に海岸から望む夕日とシリパ岬（2度沈む夕日）

★北海道 YOICHI TOWN
余市町 × My Crypto Heroes

【発売日】2022年6月23日
【関連URL】https://nft-media.net/regionalrevitalization/yoichi
【プロジェクトオーナー】北海道余市町：https://www.town.yoichi.hokkaido.jp/
株式会社あるやうむ：https://alyawmu.com/
My Crypto Heroes（マイクリプトヒーローズ）：https://www.mycryptoheroes.net/ja
【業種・業界】地方創生、観光

概要 ゲームユーザーを中心に多くの寄付が集まる

　ふるさと納税NFTにおける先行事例として、北海道余市町×あるやうむ×My Crypto Heroes（マイクリプトヒーローズ）によるふるさと納税NFTが作成された。

　北海道余市町×あるやうむ×My Crypto Heroesによるふるさと納税NFTで提供した返礼品は、ブロックチェーンゲーム「My Crypto Heroes」上で使えるNFTアイテムだ。
　寄付金額20万円の品が1種類20枚、寄付金額3万円の品が2種類各100

枚ずつの合計220枚の品が提供された。

　20枚限定の品は、最もレアなアイテムの一つであるワイン樽をモチーフに、各100枚限定の品は、余市町の名産品である赤ワインと白ワインをモチーフとした。

　受け取った返礼品NFTを同ゲーム内で利用することで、ゲーム内で様々な効果を得ることができるため、ゲームユーザーを中心に多くの寄付が集まった。

　ゲームが好きな層とふるさと納税を組み合わせた、新しい機会創出の事例といえる。

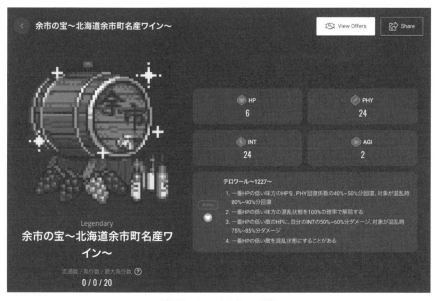

引用元：あるやうむ様より提供

28 有名NFTプロジェクトとのコラボレーションで222点のNFTを販売

プロジェクト名 余市町ふるさとCNP2022

【発売日】2022年10月28日
【関連URL】
https://prtimes.jp/main/html/rd/p/
000000014.000091165.html
【プロジェクトオーナー】
北海道余市町
https://www.town.yoichi.hokkaido.jp/
株式会社あるやうむ
https://alyawmu.com/
CryptoNinja Partners
https://www.ninja-dao.com/cnp
【業種・業界】地方創生、観光

概要 余市町を訪れることでNFTの絵柄が変化

　余市町ふるさとCNP2022は、ふるさと納税NFTの事例として、余市町、あるやうむ、国産NFTプロジェクトの「CryptoNinja Partners」がコラボレーションした返礼品企画だ。余市町の特産品であるワインや名所をモチーフにして描いた背景が組み合わされた一点ものNFT、222種類を寄付3万円/種類で用意。このNFTの特徴としては余市町を訪れることでNFTの絵柄が変化する仕掛けが施されているところだ。

　また、NFT保有者特典として、余市町の人気ワイナリーが手掛けるワインの優先購入権の抽選権利も付与されている。他にも、CryptoNinja Partnersのコミュニティで限られた方のみが参加可能なチャンネルに入ることができたり、初めてNFTを入手する方向けの勉強会が行われるなど、NFTの購入のハードルを運営の努力によって下げた事例でもある。

　NFTをふるさと納税に使い、アートとして楽しむだけでなく、NFTを持って観光に行くことで地域の魅力を味わってもらうのが狙いの事例といえよう。

29 市内に設置されたQRコードを読み込み NFT購入の抽選権利を得る

プロジェクト名 一般社団法人北海道きたひろ観光協会×あるやうむによる観光NFT

【発売日】2022年1月29日
【関連URL】https://prtimes.jp/main/html/rd/p/000000002.000091165.html
【プロジェクトオーナー】一般社団法人北海道きたひろ観光協会：https://kitahirotourism.org
株式会社あるやうむ：https://alyawmu.com 【業種・業界】地方創生、観光

概要 観光NFTの実証実験として実施

　一般社団法人北海道きたひろ観光協会×あるやうむによる観光NFTプロジェクト。札幌市在住のNFTイラストレーター鹿間ぐみこ氏が観光名所「旧島松駅逓所」をモチーフにして描いたNFTアートを1枚限定、2万5,000円で販売した。

　北広島市に置かれたQRコードを読み取ることでNFT購入の抽選権利を得られる仕組みで、全国から17名の方が企画に参加した。観光NFTの実証実験として実施されたが、NFTが「人を動かす≒地域経済を動かす」可能性を秘めていることが証明される結果となった。

　このように、目的地に赴かないと手に入らない、というスタンプラリーの要素に近いNFTの取り組みを行った。さらにNFTによって今まではできなかったユーティリティの提供など、特別な体験や権利が増えれば、さらに地域経済を動かす鍵になるのではないだろうか。

プロジェクト名 NFT「竹神社デジタル御朱印」プロジェクト

【発売日】2022年8月
【関連URL】https://nft-studio.com/user/0x66d7E607ef618C116C2c3c66ED33a8109a77E0b2
https://seikatsusha-ddm.com/article/12626/
https://seikatsusha-ddm.com/article/12627/
【プロジェクトオーナー】明和観光商社：https://dmo.hana-meiwa.jp/
竹神社：https://www.instagram.com/_takejinja/ 【業種・業界】地方創生、神社

概要 参拝者の「思い」にフォーカスしたプロジェクト

　NFT「竹神社デジタル御朱印」プロジェクトは、三重県明和町の竹神社の御朱印をNFTとして広げるプロジェクトである。

　2022年8月〜2023年7月の土日、満月の日に竹神社（三重県多気郡明和町斎宮2757-2）にてNFTを配布。配布方法は現地にあるQRコードを読み取るというもの。これにより参拝した証を「竹神社デジタル御朱印」としてNFTで残すのである。絵柄は毎月変わり全12種類。

　これまで観光の体験価値はリアルな場で生まれることが前提となっていたが、これからはデジタル技術も複合的に活用しながらリアルな観光の体験価値を高めていくことが必要である。そういった今までになかった技術とアイデアの組み合わせから、新たな観光需要を生み出していくことが地方創生の観点からも重要になってくるだろう。

　そのチャレンジの一つとして、ブロックチェーン技術を活用したサービ

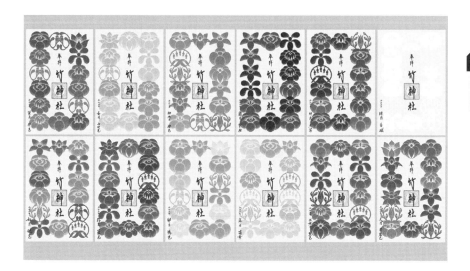

スを展開するHAKUHODO Blockchain Initiativeと、生活者の新しい行動
習慣をつくり出すための研究と実践を行う博報堂行動デザイン研究所が知
見・経験を掛け合わせ、NFTサービスの開発を行うCryptoGamesと共同
で開発を行い、4度の実証実験の末に開発したのがこの御朱印をデザイン
したNFT「竹神社デジタル御朱印」なのである。

　博報堂行動デザイン研究所が制作した竹神社の花手水をモチーフとした
御朱印NFTを、CryptoGamesが提供するNFT配布ソリューション「NFT
Airdrop」を利用して発行している。竹神社社務所において申し込まれた
参拝者に提示されるQRコードをスマートフォンで読み込むことで、専用
ページを通じて御朱印NFTを受け取ることができる。

　NFTの意義は、唯一無二性、限定性、トレーサビリティ（追跡可能性）
の担保にある。
　その日の参拝の特別な証である御朱印と、その人だけの特別なNFTに
は共通する価値があり、投機としてではなく、その日その場所に参拝した
という行動の唯一性・非再現性や、参拝者の「思い」にフォーカスしたプ
ロジェクトになっているといえよう。

プロジェクトのこだわりとして、「現地に行かなければもらえない」、「転売できない」という仕組みや、今ある御朱印をデジタルに置き換えるのではなく、あくまでも別物としている点などが挙げられる。

　さらに、利益の一部を、神社に寄付し、社の修繕等維持管理に使ってもらう取り組みも行っている。

　日頃の参拝者や地域の人々からも、「竹神社は新しいことをやる神社」というイメージを獲得しつつあり、御朱印NFTという新しい試みをこれまでの活動の延長線上に位置づけたことで、神社、参拝者のどちらにも受け入れられた事例となった。

第4章
アニメ

プロジェクト名 「黒い化物」「チェルシーの夜」

引用元：「左利きのエレンNFT」特設サイト

引用元：Tofu NFT

引用元：Tofu NFT

【発売日】2022年4月20日 【関連URL】https://eren.nftplus.io/
【プロジェクトオーナー】double jump.tokyo株式会社：https://www.doublejump.tokyo/
株式会社ナンバーナイン：https://corp.no9.co.jp/ 株式会社gumi：https://gu3.co.jp/
【業種・業界】アニメ、漫画

概要 約330万円と約500万円で落札

『左ききのエレン』は、大手広告代理店を舞台にしたクリエイター群像劇

である。2016年3月からcakeで連載をスタートさせた。2017年10月からはリメイク版が少年ジャンプ＋にて連載され、その後は実写ドラマ化や舞台化なども果たし、人気を博している。

　本プロジェクトは、登場人物である山岸エレンが、漫画の中で描いたストリートアート「黒い化物」、「チェルシーの夜」の2点を、現実の世界でNFTアートとしてオークション販売したものである。

　NFTアートの落札者には、スピンオフ漫画に出演できるユーティリティ（特典）が付いており、現実と漫画の世界をシンクロさせた新しい取り組みとして注目を浴びた。

　NFTの販売は、日本企業が運営するNFTマーケットプレイスtofuNFTで行われ、ブロックチェーンには、日本発のプロジェクトAstar Networkが使用されている。

　オークションはそれぞれ1ASTR（約30円）からスタート。
「黒い化物」は漫画の中で、実物を見た者が少ない幻の作品と呼ばれている。本アートはあっという間に値がついていき、4時間後には、「黒い化物」に30,000ASTR（約90万円）での入札があったことが確認されている。最終的にはAstar Networkの創業者である渡辺創太氏により132,300ASTR（約330万円）で落札された。

　もう一方の「チェルシーの夜」は、山岸エレンと作中に登場する現代アーティストのトニー・ジェイコブスとの共作である。

　こちらはAstar Network史上最高額である200,000ASTR（約500万円）で落札。落札者は個人ではなく、国内のDAO（自律分散型組織）の中でもウクライナへの寄付を企画するなど精力的に活動しているAstar Degensであった。

　デザインやアートがテーマの漫画と、NFTを掛け合わせた事例であるが、それぞれの作品とも高額な値段で落札され、SNS上で大きな反響を呼

んだ。漫画に登場したアートがNFT化され、現実世界で所有できる本プロジェクトは、今後の漫画×NFTにとって先行的な良い事例となったといえよう。

　また、メディアプラットフォームnoteにて、漫画の作者であるかっぴー氏本人が、NFTに対する想いを綴っている点も本プロジェクトの魅力の一つである。
　noteには「漫画のキャラの絵に価値があるわけない」、「エレンが世界的に活躍するアーティストって説得力がない」と言われ、「山岸エレンを現実にデビューさせたい」という強い決意や作品に対する愛情が書かれており、SNSでは「作者を身近に感じられる」という声もあがっていた。

32 NFT購入者に さらに現物のプレゼントが当たる

プロジェクト名 LINE NFT タツノコプロ60周年記念NFT

© タツノコプロ

© タツノコプロ

【発売日】2022年10月12日（水）～2023年1月10日（火）
タイムボカンシリーズ ヤッターマン：2022年10月12日（水）～2022年11月6日（日）
新造人間キャシャーン：2022年11月9日（水）～2022年12月4日（日）
マッハGoGoGo：2022年12月7日（水）～2023年1月10日（火）
【関連URL】https://nft.line.me/store/brand/46　https://www.cdg.co.jp/release/2076/
https://tatsunoko.co.jp/news/4174　https://tatsunoko.co.jp/news/4228
https://tatsunoko.co.jp/news/4282
【プロジェクトオーナー】株式会社CDG
WEB：http://www.cdg.co.jp　Twitter：https://twitter.com/NFTshow_case
【業種・業界】アニメ、販促、マーケティング

概要 約60種の限定デザインNFTを販売

　2022年はタツノコプロ創立60周年であり、周年を盛り上げる企画の一つとして、NFTマーケットプレイス『LINE NFT』で限定デザインの

NFTが販売された。

　1960〜70年代に放送されていたTVアニメ『タイムボカンシリーズ ヤッターマン』『新造人間キャシャーン』『マッハGoGoGo』の3作品と60周年記念デザインを含む約60種のNFTが展開された。

　デザインにはアニメ本編の場面写やオープニング・エンディングの映像、設定画といった往年のファンが喜ぶアートが使われた。

　また、一番の特徴としては各作品のNFTの購入者向けに、3作品の演出家であり、現タツノコプロの顧問である笹川ひろし総監督の直筆サイン入りクリスタルフォトパネルの当たるキャンペーンが実施されたことだろう。

　NFTの購入者向けにリアルなプレゼントを届けるという体験を提供した事例である。

　本事例はIP（知的財産）のライセンサーである株式会社タツノコプロを株式会社CDGが支援することによって実現された。株式会社CDGはIPを活用した新規商材としてNFTコンテンツの企画立案、販売促進を行っている。

　このように、同社のようなライセンシーが今後IPと組み、新たなNFTプロジェクトを行うことが増えてくるのではないだろうか。

Ⓒタツノコプロ

33 人気のキャラクター×NFTによる新しいファン層への価値提供

プロジェクト名 Hello Kitty and Friends (ハローキティとなかまたち)

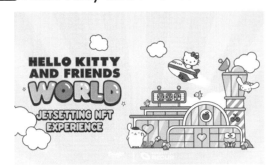

引用元：Hello Kitty and Friends WORLD

引用元：Hello Kitty and Friends WORLD

【発売日】オークション：2022年8月23日〜24日
プレセール：2022年8月26日
パブリックセール：2022年8月26日
【関連URL】https://hellokittyfrens.xyz/　https://opensea.io/collection/hello-kitty-eth
【プロジェクトオーナー】RECUR
WEB：https://www.recur.com/　SNS：https://twitter.com/RecurForever
株式会社サンリオ
WEB：https://corporate.sanrio.co.jp/　SNS：https://twitter.com/sanrio_news
【業種・業界】アニメ、漫画

概要 キャラクターコミュニティサービスをグローバルに展開

　　サンリオは、2021年11月にパートナーシップを締結したRECUR（リカー）とのコラボレーションにより、NFTコレクション「Hello Kitty and

Friends（ハローキティとなかまたち）」をリリースした。ハローキティとその仲間の5人のキャラクターが、「ツアーガイドとして世界8都市を旅する」をコンセプトにしているコレクションである。

　2022年8月23日にオークション形式で全6体のNFTが販売され、サンリオの中でも特に人気の高いハローキティのNFTは9.8ETH（当時約225万円）で落札され、ファンの注目を集めた。

　その後、2022年8月26日2時からRECURのNFT保有者向けにプレセール、同日3時から一般向けにパブリックセールがRECURのNFTマーケットプレイスで行われ、100ドルで販売された全10,000体のNFTは完売した。

　本プロジェクトは新たなファンの獲得に向けて、キャラクターIPとNFTを掛け合わせることで、日本発の人気キャラクターが世界に展開されている事例である。

　サンリオのEMEA（Europe, the Middle East and Africa）、インド、オセアニア担当の最高執行責任者のシルビア・フィジーニ（Silvia Figini）氏は「世界で人気のキャラクターとその仲間たちの友情とコミュニティを、新しいファン層に提供できることは信じられないことである」とコメントしており、NFTの技術によって新たな価値創出が可能であるという点にサンリオ自身の熱量と期待も高まっていることがわかる。

　またサンリオは、ブロックチェーン技術を活用したトークンエコノミー事業を行う株式会社Gaudiyとの協業を、2022年8月に発表している。今後は、サンリオの保有するキャラクターIPと、Gudiyが提供するWeb3時代のファンプラットフォーム「Gaudiy Fanlink」との親和性を活かし、キャラクターコミュニティサービスをグローバルに展開していく予定である。

　日本発のキャラクターIPが世界のNFT市場にどのように広まっていくのか、今後の進展が楽しみな事例といえる。

34 有名IPによる IPファンに向けたNFTコンテンツの提供

プロジェクト名 アニメ『ULTRAMAN』 高画質エフェクト付きプレミアムデジタルアートNFT

【発売日】第一弾：2022年2月25日　第二弾：2022年3月24日　第三弾：2022年7月7日
【関連URL】https://heros-ultraman.nft.rakuten.co.jp/
【プロジェクトオーナー】Rakuten NFT：https://nft.rakuten.co.jp/
株式会社円谷プロダクション：https://www.tsuburaya-prod.co.jp/　【業種・業界】アニメ、漫画

概要 楽天IDを使ってマーケットプレイスを利用できる

　NFTマーケットプレイス「Rakuten NFT」で、アニメ『ULTRAMAN』の高画質エフェクト付きプレミアムデジタルアートのNFTが発売された。

　2019年4月から全世界へ配信しているアニメ『ULTRAMAN』に登場する主要キャラクターがデジタルアートになっており、スペシャルボイスが付属するものや、劇中のバトルシーンがジオラマ風に表現されたものなどがあり、2022年2月に発売された第一弾から、これまでに第三弾まで、計14種類のデジタルアートNFTが販売された。

引用元：https://prtimes.jp/main/html/rd/p/000001624.000005889.html

　アニメ『ULTRAMAN』は、1963年に設立された円谷プロダクションの特撮テレビドラマ『ウルトラマン』のその後の世界を舞台として物語が展開されるフル3DCGアニメーションであり、歴史ある日本を代表するIPであるといえるだろう。

まず、巨大IPのNFTプロジェクトには大きな力がある。それは、IPのファンである人々がIPのアイテムを保有しようとNFTの存在について知り、今までNFTについて興味関心のなかった人たちがNFTを購入する機会が生まれるところまでファンを動かすという力である。

　NFTを認知し、購入・所有している人々は現状、人口に対して多くない。しかし、巨大IPにはNFTの社会への浸透を推し進める力があり、NFT業界の発展に大きな役割を果たす可能性があるのだ。

　そしてアニメ『ULTRAMAN』の公式サイトのグッズページには、キャラクターのフィギュアや雑貨、アパレルグッズなどと並んで、NFTデジタルアートが掲載されている。

　ここで重要なのは、NFTとしてではなく、アニメ『ULTRAMAN』のグッズの一つとしてNFTが活用されて、多くのファンに認知されるということなのだ。

　これはNFTが一般的なグッズと並んで「新しいグッズ」としてファンに購入される可能性があることを意味している。

　また、クレジットカード決済にも対応しているなど、「Rakuten NFT」を選定して購入に対するハードルを下げていることが、ポイントであろう。

「Rakuten NFT」は楽天グループ株式会社が運営している。マーケットプレイス内では、暗号資産での決済に加え、クレジットカードでの決済にも対応しており、さらに楽天グループの様々なサービスを使える共通アカウントである楽天IDを使ってマーケットプレイスを利用できる。

　このように「Rakuten NFT」は「楽天」という認知度の高い企業が運営しているというユーザーへの安心感もあり、初めて購入する人でも購入しやすいマーケットプレイスとなっている。

引用元：https://anime.heros-ultraman.
com/goods/post-50

35 IPの影響力の拡大を目指した NFTの販売

プロジェクト名 TAKANOTSUME DAN NFT

引用元：https://www.dle.jp/jp/news/takanotsume/3240.html

【発売日】2022年1月15日
【関連URL】https://takanotsumedan.com/
【プロジェクトオーナー】株式会社ディー・エル・イー：https://www.dle.jp/jp/
【業種・業界】アニメ、漫画

概要 NFTのキャラクターを様々な用途で利用できる

　株式会社DLEは、鷹の爪団として知られている同社の映像制作作品『秘密結社　鷹の爪』のキャラクターを使用したNFTプロジェクト「TAKANOTSUME DAN NFT」を展開した。

　鷹の爪団の5体のキャラクターの素材を、全て違うパターンでランダムに組み合わせたジェネレーティブNFTとなっており、全2,500体が発売された。

　TAKANOTSUME DAN NFTの最も魅力的な特徴は、一定の条件のもと、NFT保有者に商業的な利用が認められるという点だ。

　つまり、購入したNFTのキャラクターを保有者が様々な用途で利用することが可能になるのだ。

　NFTを保有していれば、広く認知されているIPを商用利用することが

できるめ、鷹の爪団のファンのみならず、キャラクターを商業的に利用したい人のNFTの購入が考えられる。

NFTの購入者は鷹の爪団を広告や製品に利用することが可能になり、鷹の爪団側はキャラクターの活用シーンが増えることでさらなる認知の拡大が期待でき、双方にとってメリットのあるIPの活用方法といえる。

一方、鷹の爪団のファンに向けた施策としてはNFTを購入すると、鷹の爪団の団員になることができる、というユーティリティを設定した。つまりファンはNFTの購入を通して、IPの中の世界にしか存在しなかった組織の一員になることができるのだ。

好きなキャラクターを所有できるという体験に加え、鷹の爪団というコミュニティに所属することができるという体験が用意されている。

また、作品中で世界征服を目指す鷹の爪団がNFTプロジェクトではメタバース空間征服を掲げており、今後のさらなるコンテンツの提供が期待される。ファンにNFTを保有してもらうことによる新たな鷹の爪団の楽しみ方を提供しているといえよう。

本プロジェクトでは、商用利用の許可とIPファンのコミュニティの構築が同時に成り立つ。そうなると、NFTホルダーが商用利用が許可されたIPを使用して、グッズを制作、販売し、IPのファンたちはそれらを購入するというホルダー間のコミュニケーションで鷹の爪団の影響力がより増していく可能性が高い。

ファンによって、ファンのための商品が生み出されることで、コミュニティ全体の体験価値を向上させることができる。こうした循環をつくり出すことで、IPを中心とした影響力の増大が期待できるのではないだろうか。

36 手塚治虫の漫画原稿によるNFT、売上の一部を子どもたちへの寄付に

プロジェクト名 From the Fragments of Tezuka Osamu
（手塚治虫のかけらたちより）

【発売日】モザイクアートNFT第一弾 2022年1月15日
モザイクアートNFT第二弾 2022年1月27日　モザイクアートNFT第三弾 2022年1月27日
ジェネレーティブアートNFT第一弾 2021年12月13日
ジェネレーティブアートNFT第二弾 2022年1月24日
ジェネレーティブアートNFT第三弾 2022年1月25日
【関連URL】https://tezuka-art.nftplus.io/
【プロジェクトオーナー】株式会社手塚プロダクション：https://tezuka.co.jp/　double jump.
tokyo株式会社：https://www.doublejump.tokyo/
【業種・業界】アニメ、漫画、デジタルアートNFT

概要 2形態でデジタルアートNFT作品を展開

　手塚プロダクション初の公式NFTプロジェクト「From the Fragments of Tezuka Osamu（手塚治虫のかけらたちより）」は、手塚治虫が生涯に描いた膨大な漫画原稿を惜しみなく使用したデジタルアートNFTシリーズだ。

　手塚治虫の代表作品『鉄腕アトム』『ブラック・ジャック』『火の鳥』を題材に、「ジェネレーティブアートNFT」「モザイクアートNFT」の2形態でデジタルアートNFT作品を展開した。

ジェネレーティブアートNFTは、Large、Medium、Smallの3つの要素で構成されており、手塚治虫の漫画原稿から厳選された画像がランダムに配置され、生成された。

　モザイクアートNFTは、背景とキャラクターで構成されている。背景には、手塚治虫が残した原稿の中でも5％程度しか存在しないカラー原画が使用された。定番の名画に加え、単行本未収録の雑誌連載時の扉絵などの今では入手困難な原画も使用されている。
　キャラクター部分はそのキャラクターの作品の白黒漫画原稿が4万点以上の断片にカットされ、モザイクアートを構成している。遠目からキャラクターを鑑賞できる他、ひとつひとつの断片を楽しむこともできるのだ。

　シリーズ第1弾『鉄腕アトム』のジェネレーティブアートNFTは、1点0.08ETH（当時約35,000円）の作品1,000点が販売開始から1時間で完売。また、モザイクアートNFTのオークションでは、日本発のIPを用いたNFTの1点の落札価格として過去最高額となる120ETH（当時約5,300万円）で落札された。

　手塚プロダクションは、手塚治虫が常に子どもたちのことを想っていたことを受けて、本プロジェクトのデジタルアートNFT（モザイクアート・ジェネレーティブアート双方）の純売上の合計20％を子どものための組織へ寄付することが予定されていた。
　2022年5月に実際に、公益財団法人日本ユニセフ協会に9,525,455円、認定NPO法人カタリバに4,762,727円、一般財団法人あしなが育英会に4,762,727円が寄付された。

　NFTとして、巨匠手塚治虫の作品を新たな形でファンに提供し、さらにその収益で子どもの未来のための寄付が行われる。次世代の漫画の読み手へバトンを渡すように、NFTを活用した事例といえるだろう。

37 NFTを活用したデジタル景品を企業の販促キャンペーンに活用

プロジェクト名 『おそ松さんLIVE
〜6周年おめでとう！みんなでグッズづくり〜』
NFTを活用したデジタル景品

© 赤塚不二夫／おそ松さん製作委員会

【実施日】2021年11月19日
【関連URL】https://www.cdg.co.jp/release/1734/
https://osomatsusan.com/news/detail/?id=1095599&tag=964
【プロジェクトオーナー】株式会社CDG
WEB：http://www.cdg.co.jp　Twitter：https://twitter.com/NFTshow_case
【業種・業界】アニメ、販促、マーケティング

概要 ライブ配信中の投げ銭機能を活用

　視聴者満足度98.3%を記録したオンラインライブ『おそ松さんLIVE〜6周年おめでとう！みんなでグッズづくり〜』（ニコニコ生放送・2021年11月19日金曜日開催）にて、NFTを活用したデジタルトレーディングカードが配布された。

　このデジタルトレーディングカードは、ライブ配信中に投げ銭機能を通して500PT（500円相当）のギフトを贈った視聴者全員に、プレゼントされ

たものだ。

　本事例の特徴は、NFTをライブ内の投げ銭へのさらなるモチベーションにつなげたことである。

　投げ銭というのは、本来ファンがアーティストを応援するために行うが、そこにNFTというプレゼントを準備したことにより、より多くの投げ銭につながった。

　また、NFTを知らない人でも参加しやすいよう、「LINE」を通じて簡単に応募ができるキャンペーンプラットフォーム「LINEで応募」が使用された。

　キャンペーン特設サイトから「LINEで応募」アカウントを友だち追加することで、後日NFTが付与される仕組みで、LINEのユーザーであればスムーズにデジタル景品の受け取り、さらにはトレードを行うこともできる。

　販促としてNFTを活用する場合は、そのNFTをいかに手に入れやすくするかが極めて重要であるが、本事例はそこにも配慮されていた。

38 NFTを活用し、アニメに使用された映像素材のNFT販売とファンの育成

プロジェクト名 『TIGER & BUNNY 2』「HERO CARD NFT」

【発売日】2022年4月9日
【関連URL】
https://bandainamcopictures.nft.rakuten.co.jp/packs/dC_gORKnT55dYqxUWGOdjw==/
https://prtimes.jp/main/html/rd/p/000001650.000005889.html
【プロジェクトオーナー】Rakuten NFT：https://nft.rakuten.co.jp/
株式会社バンダイナムコピクチャーズ：https://www.bn-pictures.co.jp/
【業種・業界】アニメ、漫画

概要 本編アニメ映像で使用された素材をそのままNFT化

2022年4月に配信が開始され、2023年4月からテレビ放送が予定されているアニメ『TIGER & BUNNY 2』に登場するキャラクターを使用したNFTコンテンツ、「HERO CARD NFT」がNFTマーケットプレイスRakuten NFTで販売されている。

1パックには12種類の「HERO CARD NFT」のうち、ランダムで3つのNFTが含まれている。

本プロジェクト最大の特徴は、販売されたNFTが本編アニメ映像で使用された素材をそのままNFT化したものである点だ。

アニメのファンはこのNFTを購入することで、実際に配信されるアニメに使用された素材を所有することができる。自分の所有するNFTがアニメに登場することはファンにとっては満足度の高い体験となるだろう。

©BNP/T&B2 PARTNERS

引用元：https://prtimes.jp/main/html/rd/
p/000001650.000005889.html

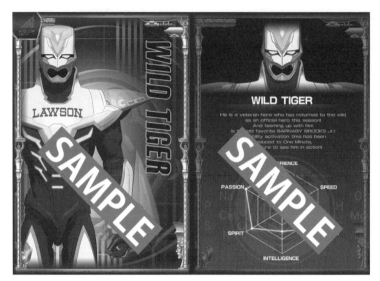

　また、本NFTは販売に限らず、リアルイベントで無料配布も行われた。アニメの配信に先だって作品の最新情報や今までのアニメの軌跡を紹介するイベント『TIGER & BUNNY 2 Precious EVE』で、来場者への特典として配布されたのである。

　本イベントはアニメの配信前に行われ、NFTはプロモーション手段の一つとして活用された。イベントの参加者に向けて、アニメ素材をNFTという形で提供することにより、アニメの配信前からファンの熱量を高めることができた。

　1つのテーマのNFTを販売とプロモーションへの活用という2種類の使われ方をした興味深い事例であった。

39 NFT×バトル漫画で、NFTに触れるきっかけをつくる

プロジェクト名 BLUE CHIP（ブルーチップ）

【発売日】2023年1月6日
【関連URL】https://twitter.com/BlueC_official　https://bluechip-official.com/
https://voicy.jp/channel/3371/446455
【プロジェクトオーナー】なか：https://twitter.com/naka_bluechip
【業種・業界】漫画、IP

概要 名漫画になる可能性を秘めた作品に関わることができる

　BLUE CHIPは、『NFTのワクドキを、バトル漫画で大衆に』をコンセプトに、NFTを"具現化して戦う"バトル漫画で『ジャンプ+』での連載を目指すNFTプロジェクトだ。

　漫画の内容は、ミントで武器NFTを具現化したり、NFTをウォレットから召喚、コネクト（つないで）して戦うというバトル漫画になっている。

　漫画化へ向けた活動資金のために、本プロジェクトは2023年1月から、BCM（Blue Chibi Members）というNFTコレクションを発売した。

　このコレクションは1つのNFTに対して、購入希望者がNFTへのオファー、購入希望の旨のツイート等を行い、選ばれた1名が購入できるという仕組みで販売され、これまでの販売では、30〜50人がオファーを出して販売に参加しており、最高オファー額は0.65ETH（当時レート約10〜13万円）と盛り上がりを見せている。

　BLUE CHIPの目的はバトル漫画というエンタメを通して、NFTに触れるきっかけを提供することである。そのため、商業誌として人

気の高い週刊少年ジャンプのスマホアプリ「ジャンプ＋（ジャンププラス）」での連載を目指している。ジャンプ＋では、TVアニメ化され話題になっている『チェンソーマン』や『SPY×FAMILY』といったタイトルが掲載されている。

　また、2022年8月時点でのDAUは185万人、WAUは395万人と多くの人が利用しており、連載作品は1週間で数百万人の読者にリーチできる可能性がある。

　BLUE CHIPは世界規模のプロジェクトや、日本一のプロジェクトを目指していない。ジャンプ＋への掲載を目指しているという堅実な目標を掲げている点が大きな特徴といえる。

　さらに中間目標として、アマチュア作品が掲載されるジャンプルーキーで「月間1位を獲る」という目標を設定しており、プロジェクトで定めた目標をコツコツと積み重ねながらIPを育てていくプロジェクトになっている。

　また、NFTホルダーは有名漫画になる可能性を秘めた作品に一から関わり、一部制作にも関わることができる。そのようなワクワクやドキドキといった体験を楽しみながら、IPの成長に伴走することができる点が、本事例の特徴であろう。

　NFTを題材にしたバトル漫画をつくることで、NFT自体の認知度を向上させることが、多くの人々の喜びにつながるだろうという想いから立ち上げられたプロジェクトがBLUE CHIPである。

　そのため、NFTの市場をより拡大し、多くの人々にNFTを楽しんで貰うために、本NFTは最初からNFTをリリースするのではなく、まずは漫画を通じてIPを成長させるという手段をとっている。

　次の展開としてBLUE CHIPでは、2023年の6月11日にジェネラティブNFTのリリースが予定されており、バトル漫画を通じてNFTのきっかけを提供するという想いがますます広がるだろう。

第5章
音楽

40 小室哲哉氏が書き下ろした楽曲
NFT保有者に新たに弾いたシンセ音源を提供

プロジェクト名 **小室哲哉氏書き下ろし**
GMOインターネットグループソング
「Internet for Everyone (Mix & Stems)」のNFT販売

※画像はプロジェクトオーナーより提供

【関連URL】https://adam.jp/stores/tetsuyakomuro
https://prtimes.jp/main/html/rd/p/000003423.000000136.html
【プロジェクトオーナー】小室哲哉／GMOインターネットグループ
https://www.nikkei.com/compass/company/9zbqpHoDu8ZBUEKqZMKeUU
https://fanicon.net/fancommunities/3914
【業種・業界】音楽、アーティスト

概要 **元楽曲をパートごとに6トラックに分解**

　国内NFTマーケットプレイス「Adam byGMO」にて小室哲哉氏が書き下ろしたGMOインターネットグループソング楽曲NFT「Internet for Everyone (Mix & Stems)」が販売された。これは企業向けに提供された楽曲を販売するという大変珍しい事例である。

　本事例は元楽曲をパートごとに6トラックに分解し、オリジナルStemデータとして1トラック30,000円から販売した。2023年2月14日時点で、およそ480,000円で落札されているトラックも存在する。

ホルダー限定コンテンツとしてテンポ情報のMIDIデータと保有する Stemデータのダウンロード権を提供するのに加え、本NFTを購入した先着10名に小室氏が新たに弾いたシンセサイザー音源を贈呈した。

　1つの曲が6つの新曲に生まれ変わる実験でもあったこのプロジェクトは、ホルダーを通じて新しいつながりが生まれたこともNFTらしいといえる。

　ドラムパートを購入した小室哲哉氏の長年のファンであるNY在住のホルダーは彼の友人やネット上でつながったミュージシャンたちと、音源を元にさらにセッションを重ね、およそ10曲の二次創作楽曲が生まれた。また、その公開打ち合わせには小室哲哉氏も参加したようだ。

　ファンからしたらNFTを通じて、アーティストと今までにない交流が実現でき、アーティストからしたらNFTを活用して音楽の可能性を広げ、同時に自身の作品から新たな世界を生み出す、今後の広がり方が楽しみな事例といえよう。

41 HIP HOPアーティスト × NFT

プロジェクト名 **NiLLAND** (ニルランド)

【発売日】2022年1月
【関連URL】https://nilland-official.com　https://nilland-official.com/img/NiLLAND_NFT.pdf
【プロジェクトオーナー】OZworld (オズワールド)
WEB：https://www.ozworld-rkuma.com　SNS：https://twitter.com/OverZenith369
久島大樹 (ヒサジマヒロキ)
SNS：https://www.instagram.com/relessgraphics
【業種・業界】HIP HOP、Entertainment

概要 **複数のアーティストがキャラクターとなって登場**

　NiLLANDはラッパーのOZworldとグラフィックデザイナーの久島大樹による、アーティストとファンの新しい「遊び方 (遊び場)」を模索するプロジェクトである。

　現実世界で活躍するアーティストをキャラクター化 (デジタル化)した様々なグッズを展開し、新しい交流の仕方を探っている。NiLLANDでは、NFTだけではなく、Instagramのフィルターや、LINEスタンプなど幅広く展開している。

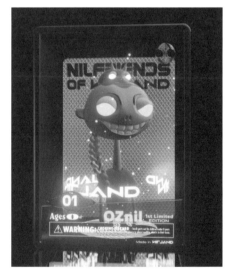

　音楽アーティストが発信しているプロジェクトという点もさることながら、NiLLANDがアーティストのキャラクター化と異なる点は、複数のアーティストがキャラクターとなって登場している点である。

　OZworldというHIP HOPアーティストをキャラクター化したOZNiL(オズニール) を、ミッキーマウスのポジションに設定しプロモーションを

行っているが、OZworldのみの展開にとどまらない。

　Disneyの世界にウッディやサリーなどの様々な主人公がいるように、アベンジャーズの世界にアイアンマンやキャプテン・アメリカがいるように、多くのアーティストがNiLLANDに参加している。

　TikTokで特徴的な楽曲とダンスが話題になったOdAkEiや、若手女性ラッパーとして注目されているCYBER RUIなどのアーティストたちが既に参加しており、今後も参加アーティストは追加されていくという。

　NiLLANDは、NFTを活用したプロジェクトではあるものの、投資的な目的で購入し、その時々の価値に一喜一憂するものではなく、ホルダーがずっと所有していたいと思うようなプロジェクトを目指している。

　様々な企業との連携や、リアルイベントなどが予定されており、ホルダーに「ワクワクするような体験」を提供するために活動している。

　さらにこの体験をホルダーにとってより特別なものにするため、発行枚数を調整し、ホルダーのみが特別な体験をできるようにマネージメントをしている。

　売上だけを見れば多くのNFTが売れたほうがプロジェクトオーナーにとってはプラスになるが、本プロジェクトは前述の通り「ワクワク」に重きを置いているため、どれだけの「体験価値」を与えられたかを重視している。

　現在、東大＆早稲田発のスタートアップSuishow株式会社とパートナーシップを締結し、メタバース空間を開発中とのこと。ライブのような演出だけではなく、例えばアーティストの発表したMVの世界観に没入できるような空間や、幅広いアイデアを試しているという。

　NiLANDは様々なアーティストをキャラクター化して独自の世界観を演出し、限られたファンに特別な体験を提供することにこだわっている。NFTを通して新たなエンターテイメントの形を提示する事例であり、今後もこういった「特別な体験」を提供するNFTは増えるのではないだろうか。

42 音楽の所有権NFTをアーティストから直接購入できるプラットフォーム

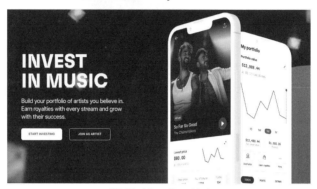

プロジェクト名 **Royal**（ローヤル）

引用元：https://royal.io/

【発売日】2021年8月（プロジェクトサイト開設時期）
【関連URL】https://twitter.com/join_royal
【プロジェクトオーナー】https://royal.io/
【業種・業界】音楽

概要 ベンチャーキャピタルも注目

　Royal（ローヤル）は音楽の所有権NFTを購入できるプラットフォームである。音楽の著作権は日本であれば一般社団法人日本音楽著作権協会、JASRACが一括して管理している。その管理についてはアーティスト側に管理負担がかからない一方、アーティストが自身の楽曲を自由に活用できないという弊害もある。

　この「ローヤル」はNFTの技術によりその弊害を解決できるかも知れないサービスだ。

　アーティストはRoyalを通じて自身の楽曲の所有権を分割してNFT化し販売することが可能である。その分割されたNFTのホルダーは楽曲が聴かれたり、使用されたりすることによってロイヤリティ収入の分配を受け取ることができる。

138

初期販売においてはまだ知名度の低いア　ティストが、自分のファンに対してNFTを販売することで当面の資金確保につながる。購入者は好きなアーティスト、いわば「推し」に対して初期活動から直接的に支援することができるわけだ。

　また、「投げ銭」との大きな違いはNFTの「流動性」である。自分がNFTを購入したアーティストの楽曲が人気となり将来的に多額のロイヤリティ収入を得られるようになった場合、そのNFTの二次購入を希望する新たな購入希望者が現れる可能性がある。つまり、このNFTはアーティストに対する「株式」の役割を持つともいえる。

　このローヤルのマーケットプレイスに対して、ベンチャーキャピタルも大きく注目している。2021年11月（サービススタートより約3カ月後）にはこのサービスに対してベンチャーキャピタルから5,500万ドル（約70億円）の投資が行われた。
　この投資を主導したのはアメリカの大手投資会社a16z（アンドリーセン・ホロウィッツ）である。
　この投資会社は暗号資産分野では、BAYCという有名NFTコレクションを運営するYugaLabs（ユガラボ）に対する約550億円の投資を主導したことでも知られている。YugaLabsはメタバースの開発を行っており、当然そこで流される「音楽」にも大きな注目が集まる。

　好きなアーティストの好きな音楽の権利をファン自身が所有し好きなだけ楽しむことができる上にその音楽からのロイヤリティ収入を手にすることができる可能性がある。
　今後は音楽が好き、というユーザーだけではなく、アーティストへのエンジェル投資、アーティストを発掘するプロデューサーのようなことをこのローヤル上で仕事にする人が出てくるかもしれない。

43 楽曲の構成要素をNFT化することによる HIPHOPカルチャーとNFTの融合

プロジェクト名 Dogg on it: Death Row Mixtape Vol. 1

【発売日】2022年3月
【関連URL】https://opensea.io/collection/dogg-on-it-death-row-mixtape-vol-1
https://www.deathrowofficial.com/
【プロジェクトオーナー】Snoop Dogg：https://mobile.twitter.com/SnoopDogg
【業種・業界】音楽

概要 NFT保有者は曲や詩を自由にアレンジして楽曲の制作が可能に

世界的な人気を誇る米カリフォルニア州出身のラッパーSnoop Doggが NFTコレクションDogg on it: Death Row Mixtape Vol. 1を販売した事例。

引用元：https://twitter.com/SnoopDogg/status/1498555798380707844

Dogg on it: Death Row Mixtape Vol. 1はSnoop Doggによるミックス テープをNFTとして販売したものである。

ミックステープとは、HIPHOP等の音楽ジャンル特有の文化で、既存の 楽曲にリミックスを施し、既存楽曲の権利者に許可を取らずに販売された ものだ。NFTコレクション内でも、世界中のアーティストの楽曲が含ま れており、NFTにHIPHOPのカルチャーを取り込んだコレクションと

なっている。

　販売されたNFTは楽曲の音声と画像が組み合わされたものになっている。そしてNFTの顔となる画像には、保有者に商業的な利用が認められているBored Ape Yacht ClubやDoodlesなどの著名NFTコレクションが使用されている。

　また、1つの楽曲に対してFull Song、Acapella、Hook and Beat Only、instrumentalの4種類が存在する。これは詩と曲、アカペラ、サビと曲、曲のみというように、楽曲を分解した要素ごとにそれぞれ販売されているのである。

　実は、このような楽曲の提供方法が採用されているのは、このNFTのもう一つの特徴を生み出すためである。その特徴とは、NFTの購入とともに購入したデータに関する権利も譲渡されるという点だ。つまり、このNFTの保有者はその曲や詩を自由にアレンジして自身の楽曲を制作することが可能になる。

　実際にSnoop DogghはこのNFTに関するツイートで"You buy it. You own the rights to it all. Buy the Snoop Dogg beat? Make your own track."という発言を残している。

　日本語かつ本人のキャラクターを抜きにした翻訳をするとすれば、「あなたがNFTを買うとすべての権利を持つことになる。Snoop Doggのビートを買って自分のトラックをつくれる」と訳せる。つまり、NFTの保有者による二次創作を意図して販売していることがうかがえる。

　こういった使用方法を実現するために、それぞれ異なる4種類のNFTが用意されているのだ。

　NFTに付随する権利の譲渡について疑問が残るものの、楽曲を構成する要素を分割して販売し、誰でも購入して楽曲を制作することができるという形式のNFTは革新的なものではないだろうか。

　そして、このNFTコレクション自体が既存楽曲にリミックスを施して

141

つくられたミックステープであるように、NFTとして発売された楽曲も購入者により、さらに別の楽曲の一部として引用されていく。つまり、既存楽曲をアレンジして新たな作品をつくるミックステープや、既存楽曲の一部を引用するサンプリングといったHIPHOP特有の文化をNFTの売買によって再現しているのだ。

　この事例は新たな音楽の提供方法という意味を超え、カルチャーとNFTの融合を目指した重要な事例といえよう。

44 ファンクラブの会員番号をNFT化

プロジェクト名 CENT倶楽部 NFT TOKUBETSU PASS
（セントクラブ エヌエフティー トクベツ パス）

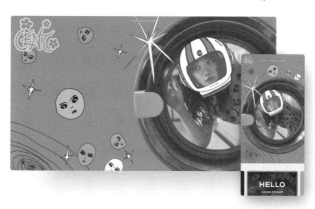

【発売日】2022年8月24日
【関連URL】https://centplanet.world/feature/nft_tokubetsu_pass
https://centplanet.world/　https://owner.fanpla.jp/
【プロジェクトオーナー】株式会社Fanplus：https://fanplus.co.jp/
CENT：https://centplanet.world/　株式会社WACK：https://www.wack.jp/
【業種・業界】音楽

概要 プレミアムな会員番号をオークション形式で販売

　CENTは、"楽器を持たないパンクバンド"BiSHのメンバーであるセントチヒロ・チッチによるソロプロジェクトだ。

　CENTのオフィシャルファンクラブ「CENT倶楽部」開設に際しての新たな取り組みとして000001〜000010番まで10個のプレミアムな会員番号を「CENT倶楽部 NFT TOKUBETSU PASS」として、オークション形式で販売した。

　このNFTの保有者には、ユーティリティとしてチケット先行販売への超最速申し込み権や、CENTとのファンクラブ企画についてのミーティングに参加できるNFTホルダー限定のコミュニティへの参加権など、特別

な体験が提供される。

　また、大きな特徴として、このNFTはファンクラブ会員同士で売買することができる。これまでファンクラブでは会員が退会すると失われてしまっていた貴重な（例えばナンバーが若い）会員番号であっても、新たに入会したファンにも獲得のチャンスがあるのだ。
　その売買履歴もブロックチェーン上に書き込まれるため、ファンとしての熱量や歴史が証明される、新しいファン体験となるだろう。

　会員番号をNFT化するというのは、業界初の試みであった。決済方法はイーサリアム決済のみにもかかわらず、落札額は平均で40万円を超え、最高で50万円で落札された。
　NFTを購入するためには、日本人にはハードルが高いと筆者は考えている。しかし、どうしてもそのNFTを手に入れたい、という熱量はそのハードルを超えてくることが往々にしてあるものだ。

　このプロジェクトは、300を超えるファンクラブの運営を行い、ブロックチェーン技術を活用したファンクラブサービスを目指す株式会社Fanplusのサポートのもと実現された。
　多くのファンクラブや、実際のファンを見てきたFanplusだからこそ、熱量の高いファンは必ずNFTを手にしてくれると確信が持てて今回の販売方法をとったのではないだろうか。
　ファンクラブ×NFTの事例として、新たな価値創出に成功した事例といえよう。

45 アーティストとファン、双方向の関係を構築するNFT

プロジェクト名 『Month of MIYAVI』

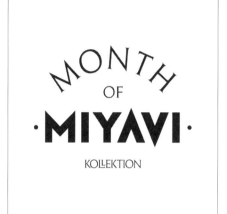

【発売日】2022年1月2日
【関連URL】https://klktn.com/ja/miyavi
【プロジェクトオーナー】MIYAVI　WEB：http://myv382tokyo.com/
KLKTN Limited　WEB：https://klktn.com/ja
【業種・業界】音楽、芸能

概要 購入したファンを、非公開のDiscordチャンネルに招待

　『Month of MIYAVI』は、ロックミュージシャン「MIYAVI」と、NFTを通じてアーティストとファンを結ぶグローバルなプラットフォーム「Kollektion」を提供するKLKTN LimitedのコラボレーションNFTプロジェクトである。MIYAVIのデビュー20周年を記念して製作された。

　MIYAVIは、エレクトリックギターをピックを使わずに全て指で弾く"スラップ奏法"で世界中から注目を集めるロックミュージシャン。これまでに約30カ国350公演以上のライブを成功させており、"サムライ・ギタリスト"の異名を持つ。

　2021年10月にも一度「Kollektion」にて自身のNFTを発売している「MIYAVI」としては、今回2回目のNFT作品となる。

本プロジェクトでは、通常のNFTだけでなく、FENDER社とのコラボレーションで作成された「ギターNFT」などをはじめとする様々なNFTがラインナップされている。

【ラインナップ】

1. MIYAVI KLKTN Pass（コレクション・パス）

　1月2日に24時間限定で販売されるNFT。

　これを購入することで、今後発行されるMIYAVIのNFTエアドロップ（無償配布）へのアクセスが可能。また、非公開Discordのチャンネルへの参加にはこのパスが必要となる。

2. Moments（モーメント）

　MIYAVIの楽曲制作の裏側やオフショットなど、本作でしか見ることができない特別な「瞬間」を見ることができる。

3.ArtKards（アートカードセット）

　MIYAVIのアルバム「Imaginary」にインスパイアされたデジタルアートワークのNFT。NFTはそれぞれ限定かつシリアルナンバー入りの一点もので、特典としてデジタルサイン入りフォトカードNFTや、個人メッセージビデオNFTへの抽選券などが付属している。

4.Kodex（コーデックス）

　ストリーミング時代の新たな音楽体験として発信するデジタル版ジャケット。従来のCDジャケットに含まれるカバーアートや歌詞、ライナーノーツなどを、デジタルでこそ実現可能な形で表現。

5. Fender MIYAVI TELECASTER® Guitar NFT

　ギターメーカーFENDERより発売されたMIYAVIのギターNFT。

　MIYAVIの11個のMomentsを集めることで抽選へのエントリーが可能となり、当選者にはサイン入りリアルギターや、ギターNFTなどがプレ

ゼントされる。

6. Special Editions from the Hush Hush Music Video

　MIYAVIの楽曲、「Hush Hush」の限定版ミュージックビデオの一部をグッズ化。フォトカードや未公開映像の解説などのプレミアム特典が付属する。

　また、NFTを購入したファンは、非公開のDiscordチャンネルに招待し、「MIYAVI PRESSからの挑戦状」と題して様々なコミュニケーションを行っている。

　SNS上では、20年間のアーティスト活動から問題を作成したクイズ100問や、運だめしジャンケン、リスニングパーティーなどが開催されていることがわかる。

「アーティストからの一方通行のメッセージ」から、「ファンとの双方向のコミュニケーション」へと関係性を変えた事例である。

音楽はCDを「プレス」する時代から NFTを「ミント」する時代へ

プロジェクト名 **NFTRecords**（NFTレコーズ）

The NFT Records

【発売日】2021年3月
【関連URL】https://jp.thenftrecords.com/
https://jp.thenftrecords.com/feature/nftr_ouraims
【プロジェクトオーナー】https://kleio.co.jp/
株式会社クレイオ（2021年6月9日に株式会社サクラゲートより事業移管）
【業種・業界】音楽

概要 音楽データに紐づく画像データをNFT化

2000年代に入り下落を続けていた全世界の音楽市場は2015年から再度拡大を続けている。その要因の一つにSpotify、AmazonMusicなどに代表される音楽ストリーミングサービスがあることは想像に難くない。

アメリカにおけるSpotifyサービス開始が2011年、日本でのサービス開始が2016年である。しかしこのストリーミングサービスも音楽業界、特につくり手に対する課題を残している。

具体的には人気アーティストに再生数が集中することによる寡占化、また原版買上げにより、アーティストの収益が恒常的なものではなく、一過性のものになっていることなどである。

それらの課題をブロックチェーン技術、NFTを活用して解決しようという試みは少なくない。しかしこちらにおいても技術的な課題が残されている。

　その課題とは音楽データをNFTにすると購入しなくてもブラウザ上で聴取が可能になってしまうことだ。

　次に、音楽データをNFTにして売買した場合に、それにまつわる権利について、日本の法律、条例が整っていない。

　これらの課題を解決し、CD、音楽データダウンロード、ストリーミングサービスに加えた新しい販売方法として、「NFTでの音楽販売」を一般化させようという取り組みを行っているのがNFTRecords（NFTレコーズ）である。

　ひらたく言えば、音楽データそのものをNFT化してやり取りするわけではなく、あくまでNFTとなっているのはその音楽データに紐づく画像データである。（いわばCDジャケットに近い）

　仕組みとしては、このNFTを保有した状態で専用サイトにウォレットを接続することでその音楽の聴取権利を保有することが証明され音楽の再生が可能になる。

　つくり手は音楽データをNFTレコーズに提供し、その対価としてロイヤリティ収入などを得る。

　NFTレコーズはNFTの売上を適正に処理し一般社団法人日本音楽著作権協会、JASRACに著作権料を支払う、という仕組みである。

　以前は音楽データをレコード・CDの原版に「プレス」し音楽を販売していた。今後は音楽データに紐づいたNFTを「ミント（＝鋳造の意味、NFTを発行することを示す）」することが音楽を販売することを意味する時代になるかもしれない。

47 新たなビジネスモデルの構築を目指した 音楽業界でのNFT活用

プロジェクト名 Sound.xyz

引用元：https://sound.mirror.xyz/3_TAJe4y8iJsO0JoVbXYw3BM2kM3042b1s6BQf-vWRo

【発売日】2021年12月
【関連URL】https://www.sound.xyz/
【プロジェクトオーナー】Sound.xyz
【業種・業界】音楽

概要 開始1年で、240人のアーティストが709曲をNFTとして販売

　Sound.xyzはアーティストが楽曲を販売できるNFTプラットフォーム
だ。より多くのアーティストが音楽で稼ぎながらさらに音楽に集中できる
ようにという想いからできたこのサービスは、開始から1年目時点で、
240人のアーティストが709曲をNFTとして販売し、アーティストたちは
このプラットフォームからおよそ400万ドルの収益を受け取るに至った。

　ユーザーは、そのNFT化された楽曲を購入すると、ブロックチェーン
によって購入した時期が記録され、初期の段階からアーティストや楽曲を
知っていたこと、応援していた事実を証明できる。いわゆる「あのアー
ティスト、こんなに売れる前から知ってたんだよね」という状態を世界中
に証明できるのである。

　さらに、Sound.xyzでは早くから楽曲を購入した、ということに価値を
持たせるために、NFTエディションという仕組みを採用している。

販売された時期によってNFTのエディションを分けることで、初期の
エディションにはより高い価値がつくようにしており、これによりNFT
の数を制限せずに希少性を担保することができる。

　ここでNFTの価値を保たせようと数量を絞ると、アーティストがこの
マーケットプレイスで生計をたてるだけの稼ぎが得られない可能性を考慮
してのことだろう。

　さらに、NFTを所有するとその楽曲にコメントをする権利が与えら
れ、楽曲を聴く人々にホルダー自身の感想を共有したり、メッセージを発
信できる。NFTを売却するとコメントが削除され、新しい所有者がコメ
ントできるようになる。

　また、コメントは曲のそれぞれのタイミングに紐づいており、曲中の好
きなタイミングに紐づけてコメントを残すことができる。

引用元：https://www.sound.xyz/sanholobeats/dont-look-down

　なお、1つのタイミングには1つのコメントしか残すことができないた
め、大量のコメントに埋もれてしまうことはない。そして、全ての曲には
ランダムに選択されたタイミングに「金の卵」が隠されており、そこにコ
メントをすると、NFTが特別なアートワークを持つエディションにアッ
プグレードされる。いわば宝くじのように「当たったらより希少性の高い
NFTにアップグレードする」のである。

　楽曲NFTはDiscordへの参加券にもなっており、アーティストとリス
ナーが交流するコミュニティにも参加できるようになる。ファンはNFT
を通じて直接アーティストに支援をするだけではなく、コミュニケーショ
ンも取れるのである。

　ストリーミングサービスの普及によって、人々は安価に大量の楽曲を楽
しむことが可能になった。一方でストリーミングサービスによるアーティ

ストへの収益の分配については各所で議論が巻き起こっているのが現状
だ。

　Sound.xyzは、このような既存の音楽のビジネスモデルの問題点の解決
を目指している。

　楽曲をNFTにして販売し、二次流通もアーティストに還元し、リスナー
は好きなアーティストをいつから応援していたのかが記録として残り、直
接コミュニケーションまで取れる。NFTの活用によってアーティストの
未来を広げる事例である。

第6章
アイドル・芸能人

プロジェクト名 **ももいろクローバー Z NFTシリーズ**

第一弾：ももクロNFTトレーディングカード

第二弾：MMCLZMNNFNFT! ももクロ×モノノフ×NFT!

【発売日】第一弾：2021年10月4日　第二弾：2022年6月14日
【関連URL】https://momoclo.nft-official.com/
https://momoclo-2nd.nft-official.com/
【プロジェクトオーナー】
株式会社CyberZ：https://cyber-z.co.jp/
株式会社OEN：https://www.o-e-n.co.jp/
プロデューサー：小林崇人　SNS：https://twitter.com/koobaaaaaa
【業種・業界】エンタメ、アイドル、ファンビジネス

概要 ファングッズの新しい形にチャレンジ

　ももクロNFTシリーズはファングッズの新しい形へのチャレンジとし
て実施された。

第　弾は「生写真」や「トレカ」といっ
たこれまでリアルな物として親しまれてき
たアイテムのデジタル版商品として提供さ
れ、ももクロの「10周年記念東京ドーム
LIVE」の写真を使用した全52種類＋αと
いうコレクション要素のあるNFTプロ
ジェクトだった。

第二弾は購入したNFT
を「SNSサービス等でアイ
コンに使用可能」な商品と
して提供された。

ももクロメンバーの様々
な表情や衣装や背景の組み
合わせからなるデザインの
NFTを提供し、さらに

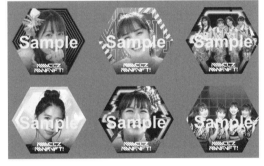

ETH版に関しては全てのNFTが唯一無二のデザインにて提供された。

本プロジェクトは、あくまで「ももクロファン」に提供することを前提
としたものであるため、いかに「NFT」の敷居を下げながら、一方で
「NFT」の新しさや楽しさといった点を「届けることができるか？」にポ
イントがおかれた。

NFT第一弾のポイントは「デジタルならではの表現」×「コレクショ
ン要素」×「所有感」。

①デジタルならではの表現

NFTトレカの3Dデータが回転している後ろにメンバーに因んだテキス
トが流れているデザインで、動きのあるアイテムであったこと。

②コレクション要素

特定のNFT同士の裏表紙をつなげると特定のメッセージが浮かび上

6

アイドル・芸能人

155

がったり、一定枚数以上を集めるとシークレットNFTがもらえるなどの仕掛けを提供。

③所有感

「いつ誰がそのNFTを購入して今誰の元にあるのか？」を、NFTを活用することによりブロックチェーン上に記載。

①・②に関しては「デジタルデータ」で今までも満たすことができたが、NFTを活用することで、そこに「所有感」を付加することができた。

また、暗号通貨やNFT Walletを扱うハードルが運営側の予想よりもユーザーにとって高かった場合に備え、クレジットカードによる購入導線が設けられるなど、NFTを活用するための細やかな配慮がみられた。

第二弾ではより踏み込んだNFTの魅力の提供をしようと、「SNSのアイコンに設定可能」という現状ではかなり進んだ概念の提供がなされた。

その魅力を高めるために、提供側の企業の努力により1,000パターンもの唯一無二なデザインのNFTを作成、提供した。

加えて「NFTを所有するメリット」として、2022年夏のLIVEにおいて特別な体験ができる「NFT所有者限定シート」の提供や、所有しているNFTがデザインされた世界に1つだけのリアルなグッズのプレゼントなども実施され、まさにデジタルとリアルをつなぐ試みにNFTが機能した。

49 写真集の特典として未公開カットを NFT化したデジタル・ブロマイドを限定販売

プロジェクト名 『広瀬すず 10周年記念写真集 レジャー・トレジャー』 発売記念NFTデジタル・ブロマイド

【発売日】2022年2月18日
【関連URL】https://nft-media.net/entertainer/fantop
【プロジェクトオーナー】株式会社メディアドゥ：https://mediado.jp
【業種・業界】アイドル、芸能人

概要 暗号資産を使わないNFTマーケットプレイス「FanTop」を採用

　人気女優、広瀬すずさんの10周年記念写真集レジャー・トレジャーの発売記念として、写真集には収録されなかった未公開カットをNFT化したデジタル・ブロマイドが販売された。

　本写真集の初回発売本を購入するとデジタル・ブロマイドの「購入抽選券取得用ギフトコード」が封入されており、手順に沿って進めていくとNFTマーケットプレイス「FanTop」にて「購入抽選券」のNFTが付与される。

　その購入抽選券保有者の中から抽選で500名に「デジタル・ブロマイド」の購入権が当たるのである。

　価格は1枚2,200円（税込）。1人当たり5種類各1枚ずつ、合計5枚まで購入可能というルールであった。

　熱量のあるファンに対してNFTを用いてデジタルなアイテムを提供した例であるが、今回ユーザーが「購入抽選券」のNFTを取得、保有するのにFanTopというNFTマーケットプレイスを採用している。

　FanTopはNFTを購入しやすくする取り組みとして暗号通貨を使わず、クレジットカードによる日本円の決済に対応するなどNFTになじみの薄いユーザー層の利用を想定したサービスを意識しており、これは広瀬すずさんのファンでありながら、NFTに関してはよくわからない人のた

6 アイドル・芸能人

めを思った運営の選択だったのであろう。

　また、応募期間は2022年5月31日23時59分までと、およそ3カ月半の応募期間を確保したのも、慣れないNFTマーケットプレイスを利用するファンの方のことを考えてのことだろう。
　ただNFTを使うのではなく、きちんとファンの方にデジタルアイテムを届けようとする好例である。

引用元：https://prtimes.jp/main/html/rd/p/000003948.000001719.html

50 リアルカードとデジタルカードを紐づけた世界初のNFTコレクションカード

プロジェクト名 FANY よしもとデジタルコレカ

【発売日】2020年11月24日
【関連URL】https://yoshimotokoreka.com/　https://twitter.com/Y_digitalkoreka
https://prtimes.jp/main/html/rd/p/000000013.000070217.html
【プロジェクトオーナー】Xクリエーション株式会社
https://xcreation.co.jp/　https://twitter.com/XCREATION_PR
https://www.facebook.com/xcreation2020
【業種・業界】エンタメ、芸人、トレーディングカード

概要 芸人の新しいキャッシュポイントの創出

『FANY よしもとデジタルコレカ』とは、リアルカードとデジタルカードを紐づけた世界初のプロダクトである。実際に手に持つリアル体験と、スマホ内で楽しめるデジタルならではの体験の双方を提供している。

それらの体験を提供するために、よしもとデジタルコレカアプリが開発され、このアプリでは、3つのコンテンツが体験できる。

1つ目は、「よしもとカードマーケット」である。ユーザーは購入したデジタルコレカの販売額を自由に設定し、売買することがで

きる。

　2つ目は、「交換掲示板」である。ここではリアルカードの売買やトレードの感覚を、デジタルカードでも同様に体験できる。具体的には、掲示板への書き込みによるユーザー同士の売買やデジタルコレカの情報交換ができ、さらにはダイレクトメッセージにてトレードの交渉を行うことができるのだ。

　3つ目は、「ランキングシステム」である。ユーザーは、所有カードの枚数が上位にランクインすることでユーザー名が表示される「所有カード数ランキング」、ユーザー評価の高いカードを示す「人気カードランキング」、カードマーケット内での取引ランキングを示す「カードマーケットランキング」の3種類のランキングを見ることができる。

さらに「FANY よしもとデジタルコレカ」には、NFTに慣れていない人でも手に入れやすくするための特徴が3つある。

1つ目は、現物のカード（リアルカード）からNFTを取得できることだ。現物カード（よしもとデジタルコレカ）のカードパックに封入されているカードのQRコードを読み込むことでNFTデジタルトレーディングカード（NFT）を入手することができる。

2つ目は、暗号通貨の決済なしで、クレジットカード決済、PayPay、各携帯会社のキャリア決済にてNFTを入手することができることだ。

3つ目は、NFT取引には、ブロックチェーン技術が用いられているため、ガス代がかかってしまうことが多いのだが、独自のチェーン「TomoChain」を使用しているためガス代の費用が発生しないことだ。

NFTの取引のハードルを下げるメリットは、ファンによる売買が増える（購入者の母数が増える、取引が増える）ことにある。

本プロジェクトは、二次流通による売上の一部が吉本興業を通して、NFT化された芸人へと還元される仕組みとなっている。そのため、取引されればされるほど芸人の売上になるのである。これは芸人の新しいキャッシュポイントの創出といえよう。

二次流通は、芸人にとってはもちろんのこと、アーティストやクリエイターの「努力に対する正当な対価」であると思う。ブロックチェーン技術を用いたNFTによって、その対価が可視化された事例である。

プロジェクト名 ゲスの極み乙女×Kollektion
「Maru」プロジェクト

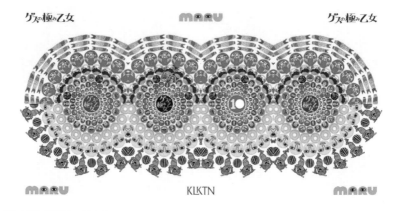

【発売日】2022年7月1日
【関連URL】「Maru」公式サイト：https://maru.band/ja
公式Twitter：https://twitter.com/MaruOfficialNFT
公式Discord：https://discord.gg/marunft
【プロジェクトオーナー】ゲスの極み乙女　WEB：https://gesuotome.com/
KLKTN Limited　WEB：https://klktn.com/ja
【業種・業界】音楽、アート

概要 なかにはNFTとレコード盤の両方を購入した人も

『Maru』プロジェクトは、indigo la Endのボーカルでもある川谷絵音を中心に結成されたバンド「ゲスの極み乙女」と、NFTを通じてアーティストとファンを結ぶグローバルなプラットフォーム「Kollektion」を提供するKLKTN LimitedのコラボレーションNFTである。

『Maru』というタイトルは、2022年6月に「ゲスの極み乙女。」がバンド名を「ゲスの極み乙女」に改名した結果取れた「。」を、様々な形にデザインするというコンセプトに由来する。

　バンド名から「。」を取った理由については、「バンド活動に終わりが来

ないように」という意味があると、ギターボーカルの川谷絵音により明か
にされている。

　本作品は、「ゲスの極み乙女」のギターボーカルである川谷絵音が、
『Maru』プロジェクトのために書き下ろした未公開楽曲「Gut Feeling」
が聴ける音楽×アートNFT。

　2022年7月1日10時より、1,203点限定で0.1ETH（約14,500円）にて発売
された。1,203点という販売点数は、川谷絵音氏の誕生日である12月3日
を意味する。

　発売から6日後の7月7日23時からは、NFTのリビール（開封）が可能
になり、Twitterスペースにて川谷絵音も参加する開封式が行われた。

　このNFTは、未公開楽曲「Gut Feeling」が聴けるだけではなく、以下
のような特典が用意されている。

・全ての作品が1点物。世界に1つしか存在しないジェネラティブ・アー
　ト
・所有者限定：8月23日のオンライン・リスニング・パーティーの参加（川
　谷絵音氏も参加）
・所有者限定：「Gut Feeling」MV製作への参加権（制作過程への意見表明）
（『Maru』プロジェクト公式サイトより引用）

　『Maru』プロジェクトの大きな特徴は、ホルダー（購入者）が保有する
Maruをバーン（NFTの所有権を放棄する）させることで、未公開楽曲「Gut
Feeling」が収録されているリアルのレコード盤と交換できるという点で
ある。

　NFTというデジタルデータと、リアルのレコード盤。ホルダーはどち
らを選ぶのか。どちらにより価値を感じるのか。音楽とNFTの価値を問
う事例である。

　なかにはNFTとレコード盤の両方を所有するために本作品を2つ購入

したファンもいたようだ。

　また、このNFTはPayPalを通してクレジットカード決済で購入できる。
　初めてNFTに興味を持った人にとっても購入しやすいようにという運営の意図が感じられる。

新しい表現に挑戦するアーティストの姿勢を広く世界に発信するNFT

プロジェクト名 Perfume×ライゾマティクス
『Imaginary Museum "Time Warp"』

Perfume Imaginary Museum "Time Warp" edge （wire ver.）
Creator : Rhizomatiks

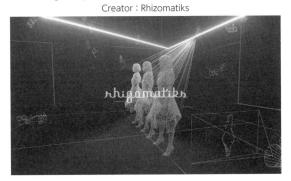

Perfume Imaginary Museum "Time Warp" Reconstruction
Creator : Rhizomatiks

上：第一弾　下：第二弾

【発売日】第一弾：2021年6月11日　第二弾：2021年8月16日
【関連URL】https://nft.rhizomatiks.com/
【プロジェクトオーナー】Perfume　WEB：https://www.perfume-web.jp/
ライゾマティクス　WEB：https://rhizomatiks.com/
【業種・業界】音楽、芸能、アート

概要 ライブの1シーンをNFTアートに

『Imaginary Museum "Time Warp"』は、3人組音楽ユニットPerfume初

のNFTアートである。

技術と表現の新しい可能性を探求するクリエイティブチーム「ライゾマティクス」によって生み出され、ライゾマティクス独自のNFTアートのマーケットプレイス「NFT Experiment」でリリースされた。落札価格は20,000MATIC（約298万円）。

本作は、Perfume結成20周年とメジャーデビュー15周年を記念し、デビュー記念日である2020年9月21日に開催したオンライン・フェス「"P.O.P" Festival（Perfume Online Present Festival)」で披露した「Imaginary Museum "Time Warp"」の振付の中で、メンバーの象徴的なポーズを3Dデータ化し、NFTアートにしたもの。

ブロックチェーンは、プルーフ・オブ・ステーク（PoS）を採用し、環境に配慮した「ポリゴン（Polygon/MATIC）」が使用されている。

そして、同年8月には、前作同様「"P.O.P" Festival」で披露した「Imaginary Museum "Time Warp"」の振付の中で、各メンバーそれぞれの象徴的なポーズをNFTアート化した第二弾がリリースされた。

7種類の作品がラインナップされ、合計落札価格は32,500MATIC（約644万円）であった。

音楽アーティストのNFTとして、アーティストの写真を用いた「NFTトレカ」や、未公開楽曲を収録するNFTなどの事例はあるものの、本作のように"ライブの1シーンをNFTアートにする"というのは、珍しい部類の事例であり、NBA TOP SHOTのようなスポーツのNFTに近い事例となっている。

アーティストのライブについても、今後このような「象徴的なシーン」を切り取ってNFT化することが増えていくだろう。

ライゾマティクスとPerfumeは、「本作をリリースすることで、新しい表現に挑戦するアーティストの姿勢を広く世界に発信する」としている。

第**7**章
アート

53 ガーナのスラム街のために絵を描く 長坂真護のNFTアート

プロジェクト名 MAGO Mint第一弾
「Waste St. in NYC (ウェイスト ストリート イン ニューヨーク)」

【発売日】2022年8月
【関連URL】https://opensea.io/collection/wastestinnyc
【プロジェクトオーナー】MAGO CREATION株式会社
【業界】アート、社会課題解決

概要 2030年目標「100億円規模のリサイクル工場を建設」

　アートでゴミ問題を解決しようとしている男がいる。彼のアートには数千万円の値がつき、フランクミュラーとのコラボレーションやバーニーズニューヨーク銀座本店、上野の森美術館にて展示会が開かれ、メジャーな地上波の番組でも特集される。

　彼の名はMAGOこと長坂真護（ながさかまご）氏。驚くべきは、そのアートの売上の大半を西アフリカ、ガーナの電子ゴミ問題を改善するための事業に使っていることだ。

　アフリカのガーナには日本を含む先進国が捨てた電子廃棄物の集まるアグボグブロシーというエリアがあり、そこには日々の生活費を得るために有毒なガスを吸いながら、プラスチックに包まれた電子廃棄物を燃やすスラム街の青年たちがいる。彼らの多くは有毒ガスによって30代で亡くなってしまうといわれる。

　MAGO氏は雑誌『Forbes』で1人の子どもがゴミ山でゴミを持ってい

る写真を見たことがきっかけで世界のゴミ問題に関心を持ち、ガーナに電子ゴミの集積場があることを知ってアグボグブロシーを訪れた。

　そこで目にした光景に愕然とし、アートで先進国にこの惨状を伝えようと決意、ガーナのゴミを使ったアート制作を始めた。その結果、現在アートの売上は10億円を超え、ガーナにガスマスクを贈り、私立学校を建て、美術館を造り、雇用も生んでいる。

　2022年、MAGO MintというNFTプロジェクトを彼が始めた理由はアートを通じてガーナを支援するという元々ある目的を達成するための手段の一つとして活用できると考えたからだ。

　NFTアートを活用して2030年の目標である「100億円規模のリサイクル工場を建設」の実現速度を早めたいと考えている。

　そのために今回彼はニューヨークの街中に捨てられているゴミにペイントを施した。そしてその路上の作品を写真に収めNFTアートとして300枚限定で販売。結果は即日完売し、価格も0.185ETH（約42,550円）から1.15ETH（約254,500円）にまで上昇した。

　また、さらにその後プリントしたNFT作品の販売（さらにMAGO氏が自らの想いを描き足した）もサプライズで発表。期間限定の販売ながらも、こちらも多くの人に購入された。

　こうして集まったお金は、再びMAGOの手を介してガーナのスラム街をなくすための活動に使われる。

　NFTとアートの力で社会課題を解決しようとする事例となっている。

54 音楽家が覆面アーティストの作品権利を取得して発表したNFTコレクション

プロジェクト名 The BADMEANiNGOOD Crew

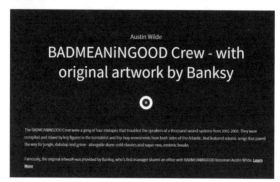

引用元：https://makersplace.com/badmeaningood/drops/badmeaningood/

【発売日】2022年10月4日
【関連URL】https://makersplace.com/badmeaningood/drops/badmeaningood/
【プロジェクトオーナー】MakersPlace：https://makersplace.com/
バンクシー：https://www.instagram.com/banksy/
オースティン・ワイルド：https://www.instagram.com/nofrescoyo/
【業種・業界】アート

概要 アルバムカバーなどにバンクシーの作品を使用

　日本各地にて展示会が開催され話題になった、正体不明の覆面アーティスト、バンクシーのNFTコレクションが、NFTマーケットプレイスMakersPlace（メイカーズプレイス）で販売された。

　このNFTコレクションは、The BADMEANiNGOOD Crewというタイトルで、音楽家オースティン・ワイルドとバンクシーのコラボレーションNFTとして制作された。

　元グラフィックアーティストであり、現在は音楽家として活動しているオースティン・ワイルドが、バンクシー自身から作品の権利を獲得し、このコラボを実現させたのである。

　The BADMEANiNGOOD Crewでは、オリジナルのアルバムカバー、

ポスター、12インナのレコードスリーブにバンクシーの作品が使用された。

　バンクシーが今回のコレクションのために新たに制作した、アディダスのスニーカーを履いている大砲のオリジナルアートの他、これまでにバンクシーが手掛けた他の作品も使用されている。

　オースティン・ワイルドは今回のNFTコレクションについて、以下のように述べている。
「唯一無二なレコード、CD、ポスターなどのアートを今までと違った新しい顧客層に届けられることを光栄に思います。MakersPlaceは素晴らしいマーケットプレイスであり、私たちのアートやエンターテイメントに対して抱いている情熱を、どのように実現させ形にするかといったことを理解してくれています」。
　この発言からもうかがえるように、アーティストも彼らの創作物を届けるための媒体として、NFTの活用に着目している。

　本事例は、世界的なアーティストがレコードやCDといったこれまでの媒体の次の媒体としてNFTを活用し始めた注目すべき事例といえる。
　なお、NFTコレクションの売上の一部はウクライナに寄付され、戦争の影響を受けている人々を支援する組織である「#MOASMissionUkraine」に寄付されたようだ。

55 NFTマーケットプレイスの厳選した NFTアートを販売するアートギャラリー

プロジェクト名 Rakuten NFT Art Gallery

【発売日】第一弾：2022年5月26日　第二弾：2022年9月7日　第三弾：2022年9月29日
【関連URL】https://artgallery.nft.rakuten.co.jp/?l-id=top_shoplist_ag
【プロジェクトオーナー】Rakuten NFT：https://nft.rakuten.co.jp/
【業種・業界】アート

概要 MVに登場するアート作品をコレクションすることが可能に

　NFTマーケットプレイスRakuten NFTがセレクトしたアート作品を集めた、Rakuten NFT Art Galleryというショップが開設され、アーティストによるNFTアートが販売されている。ちなみに本マーケットプレイス及びGalleryの運営企業は、名前の通り楽天グループ株式会社である。

　Rakuten NFT Art Galleryでは、歌い手・Adoのイメージディレクターを務めるORIHARAをはじめ、Adoの楽曲『ギラギラ』のジャケットとミュージックビデオのイラストを担当したことでも話題となった沼田ゾンビ!?、都会的な人物像を洗練された線のイラストで表現するyasunaによるデジタルNFTアート作品が販売された。
　また、映画『ONE PIECE FILM RED』の劇中歌『世界のつづき／

Ado』のMVを制作したイラストレーター・すとレの作品や、シンガーソングライター・川崎鷹也の楽曲「愛の灯」のMVに使用されたアートワークも販売されていた。

これはアニメーション作家である門脇康平の作品であり、MVに使用されたアートワーク全3種類、各10個が販売された他、現在制作中の作品のイメージボードも5個限定で販売された。

楽曲やアーティストのファンはこれらのNFTを購入することで、実際のMVに登場するアート作品をコレクションすることが可能になる。これまでは視聴するという方法でしか関わることができなかったコンテンツに対して、所有するという新たな関わり方が生まれ、これまでになかった体験がファンに提供された事例である。

Rakuten NFT Art Galleryでは、国内アーティストの作品のみならず、海外のアーティストの作品も取り扱われている。

例えば『流浪地球』は世界累計発行部数2,900万部の『三体』という中国のSF作家・劉慈欣による短編集の表題作である。その『流浪地球』の邦訳版発売を記念し、小説内の名シーンをイメージしてSFアーティスト・陳濱によって制作されたイラストNFTがRakuten NFT Art Galleryで販売されたのである。

小説の内容を表現したアートを所有するという体験は、小説内に登場する挿絵や、小説の表紙のデザインを所有できるという感覚に近いのかもしれない。

　Rakuten NFT Art Galleryでは、楽曲のMVや小説など、様々なジャンルのアート作品を展開している。多様なアートの販売が行われるようになってきた背景には、NFTによってデジタルコンテンツの売買が容易になったことが影響しているのではないだろうか。

　逆説的に言えば、本事例はNFTマーケットプレイスがアート作品を厳選してアートギャラリーにて販売を行うことで、新たなアートの流通経路を確立しようとしている事例であるといえる。

56 村上隆の代表的な作品である花をNFTに

プロジェクト名 Murakami.Flowers（ムラカミフラワーズ）

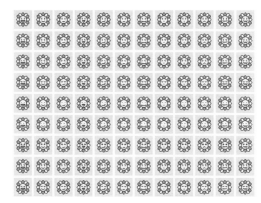

引用元：https://murakamiflowers.kaikaikiki.com/index.html#about

【発売日】2022年4月1日
【関連URL】https://murakamiflowers.kaikaikiki.com/collector.html
https://opensea.io/ja/collection/murakami-flowers-2022-official
https://nft-media.net/art/murakamitakashi/4020/
【プロジェクトオーナー】村上隆
【業種・業界】アート

概要 5,700人を超えるホルダーが存在

Murakami.Flowersは、アーティスト村上隆の代表的な作品である花を、1970年代の日本のテレビゲームのイメージであるドット絵で表現したNFTアートである。

村上隆は、煩悩の数でもある『108』という数字をキーワードに展開しており、108種類の背景と108種類の花の組み合わせで1つの作品を構成し、合計で11,664枚（108×108）の作品が存在する。

プレセール（先行販売）では、4,000個が販売され、その後のパブリックセールでは、6,751個が販売された。

現在、Murakami.Flowersの総取引価格は20,850ETH（約83億円）を超えており、5,700人を超えるホルダーが存在する。

7

アート

175

引用元：https://murakamiflowers.kaikaikiki.com/index.html#about

　ホルダーに対してはお花を育てることのできる携帯ゲーム機『Flower Go Walk』のエアドロップや、招き猫をモチーフとした『Murakami Lucky Cat Coin Bank』というNFTのこちらもエアドロップが行ったりと、既存のMurakami.Flowersホルダーに対してロイヤリティを向上させるアクションを度々行っているのも特徴の一つだ。

引用元：https://zingarokk.com/news/25758/

ちなみに、2022年5月にはNYのマディソンアベニューにある世界トップの現代アートギャラリー、ガゴシアンにて展覧会が開催された。

　作品に日本的なイメージが多く散りばめられているのは、村上隆が2000年に提唱した「スーパーフラット」（太平洋戦争の圧倒的敗北から77年の間に日本が生み出した文化概念のことを指す）という理論に基づき制作が行われているからである。

引用元：https://murakamiflowers.kaikaikiki.com/index.html#about

　村上隆という日本発のアーティストの作品が、海外も含め支持される。彼のネームバリューがあるからこそ、というのはもちろんだが、NFTを活用しても20,000ETHを超える流通を起こせるというのは、日本人アーティストにとって可能性を感じさせる事例なのではないだろうか。

アジアのアーティストを
NFTで持続的に支援する

プロジェクト名 **支援型NFT TriARTs by SocialCompass**

 Adam
Tri ARTs byGMO

引用元：https://nft-media.net/art/triarts/7575/

【発売日】2022年2月7日
【関連URL】
支援型NFT TriARTs by SocialCompass：https://adam.jp/ja/stores/triarts
東南アジアにおける絵画コンテスト「White Canvas」：https://whitecanvas.pro/
Social CompassのTwitter：https://twitter.com/compassacademia
【プロジェクトオーナー】
一般社団法人ソーシャルコンパス：https://socialcompass.jp/
代表中村英誉のnote：https://note.com/socialcompass
【業種・業界】アート、国際協力

概要 **遠隔地に住む若手アーティストの直接的な支援も**

　支援型NFT TriARTs（以下、トライアーツ）はNFTでアジアのアーティストを持続的に支援することを目的としたプロジェクトである。

　トライアーツの特徴はアーティスト作品のNFT販売だけではなく、カンボジアやラオスといったアジアの新興国の若手アーティスト発掘、育成、発信までを包括的にサポートする前提で企画されている。実施者である一般社団法人ソーシャルコンパスはカンボジアを拠点に様々な社会課題をアート、デザインで解決することを目的に2014年から活動を行っている。

　さらに2020年からはアジアのアートシーンを盛り上げるために、絵画コンテストの運営やアートワークショップを継続的に行い、彼らの作品販

売や展示会のプロデュースといった活躍の場の創出を行っている。

　しかし、新型コロナウイルスの感染拡大とともに、国を越えた作品の郵送が困難になったため、デジタルデータであるNFTを通じてアジアの若手アーティストの支援と世界への発信を目的としたトライアーツプロジェクトを開始した。

　トライアーツの売上は、アーティストの収入と新たな作品制作の制作費に使われるにとどまらない。遠隔地に住む若手アーティストへのワークショップや育成事業といった直接的な支援にも使われる。

　購入希望者はNFTの購入によってアーティストへ直接的な支援を行うことができるうえに、将来的に価値が上がる可能性のある東南アジアの若手アーティスト作品を所有することとなる。

　現在トライアーツはカンボジアやラオスを中心に行っているが、将来的にはタイやインドネシア、シンガポール、ミャンマー、スリランカなど、著しい経済発展を遂げているアジアの国々のアーティストとのコラボレーション企画を実施していく予定だ。

　トライアーツは今後、ますます多くの東南アジアの若手アーティストのNFT作品を購入できるようになる予定だ。将来的に価値が高騰する可能性をホルダーは楽しむことができ、アーティストは支援された売上でより創作活動に打ち込むという、お互いにウィンウィンな関係性を築くことができる。

　これまで、アート市場は欧米を中心とした歴史的な蓄積や評価に基づくアートが主流となっていた。しかし、現代アートやコンセプチュアルアートの出現によって、アートの価値は時代や大衆に委ねられる場面も増えてきている。

　東南アジアのアートシーンは経済発展と人口増加に伴い隆盛しており、現在の若手アーティストが今後世界を代表するアーティストになる日が来るかもしれない。トライアーツはNFTを通じて未来のアーティストを持続的に支援していく事例であるといえよう。

58 「開運デジタル護符」NFT特典付き雑誌

プロジェクト名 オカルト雑誌月刊「ムー」 初の「開運デジタル護符」NFT特典付き特装版

引用元：https://web-mu.jp/news/2809/

【発売日】2022年11月号（10月7日発売）
【関連URL】https://web-mu.jp/news/2809/
https://web-mu.jp/column/5217/
【プロジェクトオーナー】
株式会社ワン・パブリッシング
https://one-publishing.co.jp/
株式会社メディアドゥ
https://mediado.jp/
株式会社トーハン
https://www.tohan.jp/
Love Me Do 氏
https://lovemedo.net/sp_members.html
【業種・業界】アート、占い、オカルト、雑誌

概要 人気占い師Love Me Doさんが、5種類の護符を作成

　1979年10月に創刊し、「世界の謎と不思議に挑戦する」をテーマに創刊500号を超える国民的オカルト雑誌、月刊『ムー』。創業43周年記念号となる2022年11月号で『ムー』史上初の試みとなるNFTデジタル特典をつけた特装版を発売した。

　NFTデジタル特典の中身は、同誌で連載を持つ人気占い師Love Me Doさんの直筆の「開運

引用元：web ムー

デジタル護符」。同氏はこれまでにサッカーの国際試合や人気アイドルグループの活動休止、2021年プロ野球開幕戦の第1号ホームランなどを予言して、世間を驚かせてきた。

　Love氏は書道の有段者でもあり、今回は『ムー』読者のために5枚の護符を心を込めてつくったという。

引用元：webムー

　NFT特典付きの特装版1冊を購入するごとに、「金運」「仕事運」「恋愛運」「勝負運」「魔除け」の全5種類からランダムに2枚が手元に届く仕組みとなっており、おみくじ的な意味合いもある（重複の可能性あり）。

　Love氏は「金運の護符がほしいと思っても、なかなかそうはいかない。手元にきた2種が、あなたに必要な護符の組み合わせであり、それこそが神託であり、見えない世界からのメッセージだ」と語る。

　同じ護符が2枚くることもある。

　護符にはそれぞれ、運気アップに効果のある「音」も付いている。

　護符のダウンロードは、本誌内にあるQRコードを読み込み、NFTマーケットプレイス「FanTop」に登録。その後に取得用ギフトコード（16桁）

を入力する。すべての護符にシリアルナンバーが入っており、同じナンバーのものはなく、それぞれが「1点もの」としての価値を持っている。

さらに、Love氏は「護符のサポートを得て願望が成就したら、ぜひその護符を誰かに譲るとよい」と言う。NFTとなっているため、NFTマーケットプレイス「FanTop」上で、他の人に譲渡・売買することができる。

引用元：webムー

「願望が成就したら、その護符はもう必要ありません。そんなときは、同じ願望を抱いている人に譲ってください。願望を成就させた護符には、プラスのエネルギーが宿っています。そのエネルギーが他の人の願望成就に役立てば、護符を譲った人が陰徳を積むことになり、その人自身にもよい影響が及びます」と語った。

本プロジェクトは『ムー』を創刊する株式会社ワン・パブリッシングと、株式会社メディアドゥと株式会社トーハンによる共同企画。特装版の価格は税込み1,200円で、NFT特典のない通常版は税込み990円。特典以外の内容は同一とのこと。

ちなみにNFTデジタル特典付き特装版はトーハン専売商品となっている。月刊ムーは公式Twitterを通じて2022年10月25日に「リアル書店では品薄になっている模様。ネット書店で探してください」と発信している。

誤解を恐れずに言えば、NFTを使って良縁を巡らせる、という新しい使い方であるといえよう。

59 名和晃平氏の「White Deer（Oshika）」原盤データNFTを石巻市へ寄贈

プロジェクト名 White Deer (Oshika)

AUCTION ENDS: 13 DAYS 09 HRS 13 MIN 52 SEC | VIEW ARTWORK

引用元：https://white-deer.tricera.net/ja/top

【発売日】2022年11月12日
【関連URL】https://nft-media.net/art/white-deer/4195/
https://white-deer.tricera.net/ja/top
【プロジェクトオーナー】株式会社TRiCERA　名和晃平
【業種・業界】アート、地方創生

概要 パブリックアートの新しい形

　この取り組みは、彫刻家である名和晃平氏の彫刻作品「White Deer（Oshika）」の原盤3Dデータ、コンセプトムービー、ドキュメントムービーを含むデータパッケージをNFTとして販売した取り組みである。

WHITE DEER

「White Deer (Oshika)」は、日本古来の神話の中で描かれる「神鹿」を現代の技術を用いて再解釈した彫刻作品です。宮城県石巻を舞台に開催された「アート」「音楽」「食」の総合芸術祭「Reborn-Art Festival 2017」にて発表され、鹿が多く生息する牡鹿半島の荻浜地区に設置されました。大自然からの使者である白い鹿は人間社会への問いを携えて人里に姿を現し、すっかり長くなった角を掲げて春の訪れを待っています。

本プロジェクトは、石巻市との協議により2027年まで期間限定で展示することが予定されている「White Deer (Oshika)」が、荻浜の地に恒久設置されることを目標としています。売り上げの一部はReborn-Art Festival実行委員会に寄付され、作品の維持管理の資金に充てられます。

引用元：https://white-deer.tricera.net/ja/top

このNFTには３種類のデータが存在する。

１つ目は3Dデータ（.obj）White Deerの原盤であり、２つ目はコンセプトムービー（mp4）3DデータによるCG映像である。３つ目はドキュメントムービー（mp4）であり、White Deer（Oshika）がパブリックアートとして展示されている石巻市・荻浜の映像がNFT化されたものであった。

「White Deer（Oshika）」は、日本古来の神話の中で描かれる「神鹿」を現代の技術を用いて再解釈した彫刻作品であり、宮城県石巻市を舞台に開催された「アート」「音楽」「食」の総合芸術祭「Reborn-Art Festival 2017」にて発表され、鹿が多く生息する牡鹿半島の荻浜地区に設置された。

2022年11月12日の22時から11月19日22時の期間、NFTプラットフォーム「zora」にて販売され、26.775ETH（約48億円）で取引された。

これらの取り組みの売り上げの一部は、Reborn-Art Festival実行委員会に寄付され、作品の維持管理の資金に充てられる。

また、本プロジェクトは、石巻市との協議により2027年までの期間限定で展示が行われている。

引用元：https://white-deer.tricera.net/ja/top

このようなパブリックアートと、デジタルであるNFTを活用した事例は、アーティストとともに現実と仮想の世界を横断するパブリックアートの新しい形なのではないだろうか。

60 新たなキャラクタービジネスの形をつくる
キャラクタービジネス×商用利用可能なNFT

プロジェクト名 ShikibuWorld (シキブワールド)

【プロジェクト名】ShikibuWorld シキブワールド
【発売日】2022月12月11日
【関連URL】https://shikibuworld.com　https://charadao.com
【プロジェクトオーナー】BUSON：https://www.buson2025.com
【業種・業界】アート、アニメ、エンタメ、IP

概要 100年後も活躍できるキャラクターを実現する

　SNSの累計フォロワー数100万人を超えるクリエーターBUSONは、自身のつくり出したキャラクターの中で、最も人気のある【しきぶちゃん】が様々なコスプレをしている10000点限定のジェネラティブNFTコレクション「ShikibuWorld シキブワールド」を展開している。

　ポイントはShikibuWorldのNFT保有者はガイドラインに則って保有デザインキャラクターの商用利用をすることが可能になるという点である。
　さらに、本NFTを50点保有しているホルダーになると、スタンダードバージョンのしきぶちゃんキャラクターをガイドラインに則って商用利用できるようになる。

　【しきぶちゃん】はBUSONのインスタグラム、TikTok、YouTube、ブログ等で、あるあるを紹介するコンテンツとして広く人気を集めている。さらには有名企業とのタイアップやテレビ出版などの実績も豊富だ。

ShikibuWorldが立ち上げられた背景には、クリエイターのBUSONの「100年後も活躍できるキャラクターにしたい」「作者の死後もキャラクターに活躍してほしい」という想いが込められているという。

　本事例は、クリエイター自身が育てたキャラクターをクリエイター自身がNFTプロジェクトとして公開し、ホルダーを巻き込んでさらなるキャラクターの影響力の増大に挑戦するというところに事例としての面白さがある。
　商業的な活動も含めて、NFTの保有者たちがキャラクターを使用し、キャラクターの露出や認知を拡大し、プロジェクトの価値の向上や成長に貢献するという体験をクリエイター自身がデザインしているのだ。
　そして、NFTの性質を活かし、ホルダーのNFTが次のファンの手へと渡り、新たな保有者によってキャラクターが活用されていくことで、100年後も活躍できるキャラクターを実現する。

　ShikibuWorldは、NFTの保有者に商用利用を許可し、キャラクターを育てていく一員とすることでキャラクターの成長と活躍を目指した事例である。

第8章
飲食

61 天ぷらで世界平和を目指す 秘密結社の話

プロジェクト名 天ぷら秘密結社10＋メンバーシップNFT

【発売日】2022年11月23日
【関連URL】https://twitter.com/10tenplus
https://www.comeal.jp/mint/tenplus
【プロジェクトオーナー】天ぷら秘密結社10+　株式会社comeal
【業種・業界】飲食店

概要 完売せずとも、サービスが成立するコスト設計

　天ぷら秘密結社10＋（テンプラス）は人気レストランのシェフ等、10人のいわば「食のプロ」らが集まってつくられた集団である。
「天ぷらで世界平和を」をスローガンに秘密活動をしており、今回は単なる飲食店としての試みではなく、食の実験を行える場として、また食に興味のある会員が集まり、共に世界に出る研究をするために生まれたようだ。

　本NFTプロジェクトの運営は自社でもNFTを会員権とした食やリアル領域に関するプロジェクトを得意とする株式会社comeal（コミル）がサポート。
　本NFTは、購入することにより秘密結社の会員になることができると

いう、いわばNFT会員権だ。

この会員証を持っていると、「東京都某所にある9席カウンターのみの今までにない天ぷら屋で席の予約が取れる」「会員証ホルダー限定のオンラインコミュニティで食べたい天ぷら食材のリクエストができる」などと、食が好きな人にとって嬉しいユーティリティとなっている。

会員権には「通常」と「プレミアム」が存在しており、売り出し価格で通常が0.066ETH、プレミアムが3.27ETH（11月22日時点で約152,533円／ETH）、発行枚数は通常が240枚、プレミアムが10枚の合計250枚であったが、結果として通常143枚、プレミアム7枚がオーナーの手に渡った。

特筆すべきは、今回、完売せずともお店やコミュニティが機能し、ユーティリティが提供できていることである。

飲食店のオープンという、NFTが完売しないと資金が揃わず、サービスが成り立たないというNFTプロジェクトのコスト設計にしてしまうと売り切れなかった時に購入をしてくれた方に迷惑がかかってしまう。本プロジェクトの運営チームはクラウドファンディングではなくNFTを活用するメリットとデメリットのうち、デメリットをきちんと消し込んだのが素晴らしい点であると思う。

残りの会員権については、運営側で保有し、今後改めて再度販売する。次回はSNSでNFTホルダーがお店をシェアし、会員権を欲しいと思う人が増えた状態で販売開始となるだろう。

62 NFTホルダーはご来店時にラーメントッピング無料！

プロジェクト名 "リアル店舗コラボ"
Very long CNP × Love Addicted Girls

【発売日】2022年8月18日
【関連URL】https://twitter.com/kankan8c01
https://fujiyama55nagoya.com/
https://nft-media.net/food/restaurants-nft/13588/
【プロジェクトオーナー】kankan（金釘誠）：https://twitter.com/kankan8c01
株式会社テマトジカン：https://tematojikan.co.jp/
【業種・業界】飲食、ラーメン、サービス業

概要 狙いは、NFTを実際に使ってみるという体験の促進

　フジヤマ55名古屋駅西口店では、2022年8月18日～31日まで「ベリーロングな焼豚トッピング無料」「オリジナルNFTを後日送付」というキャンペーンが行われた。

　これは、VeryLongCNP（CNPとVeryLongAnimalという2種類のNFTプロジェクトのコラボレーションプロジェクト）というジェネラティブNFTを保有しているホルダーに向けて行われた。

　キャンペーンが開催された2週間で74組（88名様）が訪れ、102,400円を売り上げた。

190

キャンペーンを目的に訪れたホルダーは、来店したことをツイートするなど、NFTのコミュニティならではの盛り上がりを見せていた。

このプロジェクトの狙いは、NFTを実際に使ってみるという体験の促進、NFTを持っているという直接的なメリットの享受、お店の認知度アップの3点だったという。

また導入にあたっては、スタッフへの教育が課題であったが、マニュアルを作成することで解決したという。

NFTは、WEB上で完結してしまい、現実世界での所有感を得ることが難しいといわれている。しかしこのようなキャンペーンを行うことで、「NFTの所有感」を感じることができるのではないだろうか。

飲食店にとっても、NFTが新たな顧客の流入経路となり、実際に売り上げまで上がった非常に参考になる実例であろう。

ちなみに「ベリーロングな焼豚トッピング無料」というのは、VeryLongAnimalというプロジェクトが「とにかく、長いモノに価値がある」という独自の価値観があり、その価値観をインスパイアしたものだと思われる。

プロジェクト名 **Starbucks Odyssey**

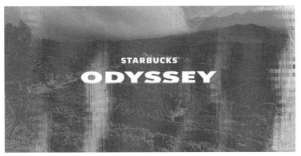

引用元：Starbucks Odyssey

引用元：Starbucks Odyssey

【発売日】β版リリース：2022年12月8日
【関連URL】https://odyssey.starbucks.com/#/landing
https://stories.starbucks.com/stories/2022/starbucks-creating-the-digital-third-place/
【プロジェクトオーナー】Starbucks：https://www.starbucks.co.jp/
【業種・業界】飲食、カフェ

概要 **独自のNFTマーケットプレイスをリリース予定**

　Starbucks Odyssey（スターバックスオデッセイ）とは、既存のポイントサービスであるスターバックスリワードの会員と、スターバックスパートナー（従業員）に、新しい特典や没入型のコーヒー体験を提供するプログラムである。

　プログラムのメンバーは「ジャーニー（Journey）」と呼ばれる一連の体

験のなかで、バーチャルコーヒーファームを巡ったり、クイズやゲームに参加したりする。ジャーニーを終えると、NFT化された「ジャーニースタンプ」とポイントを獲得でき、それらを集めることで特別なグッズの入手や、スターバックス・リザーブ・ロースタリーのイベントへの招待など様々な特典を得られる仕組みである。

　ジャーニースタンプNFTは、今後リリース予定であるスターバックス独自のNFTマーケットプレイスにおいて取引できる。

　マーケットプレイスの特徴として、NFTをクレジットカードで直接購入できる点が挙げられる。暗号資産や暗号資産ウォレットを用意する必要がないため、NFTに馴染みのない方でも安心して利用できるだろう。

　また、ブロックチェーンにはPolygon（ポリゴン）が採用されている。その理由についてスターバックスは「持続可能性の取り組みに沿った技術を活用してStarbucks Odysseyを提供することが、最優先事項だからである」と説明しており、今後の長期的なNFTの活用に前向きな姿勢であることがわかる。

　本プロジェクトは、ポイントプログラムにNFTを活用することで、レアな特典や価値のある体験を享受できる点が魅力の事例である。スターバックスのブランドが好きな会員が集い、交流し、コーヒーへの愛を共有できるデジタルコミュニティを備えた前衛的な体験といえるだろう。

　スターバックスの現行のポイントプログラムには、世界中で約6,000万人が参加しており、全収益の50%近くを支えている。

　世界的に最も成功しているロイヤルティプログラムともいわれているなか、NFTの仕組みを導入したことには、スターバックスの並々ならぬ覚悟がうかがえる。

64 "実物資産×NFT" ウイスキー樽の小口販売

プロジェクト名 UniCask（ユニカスク）

発売日】 2021 年 12 月 15 日
【関連 URL】 https://unicask.jp/　https://unicask.com/home
https://unicask.io/　https://nft-media.net/food/unicask-5/8089/
https://nft-media.net/food/unicask-4/5532/
【プロジェクトオーナー】 Chris Dai　Twitter (https://twitter.com/chrisdai_tokyo)
【業種・業界】 飲食、DAO

概要 今までのウイスキービジネスの懸念事項を取り払った事例

　UniCask（ユニカスク）は「実物資産×NFT」をテーマにしたプロジェクト。実物資産のなかでも主に蒸留酒（ウイスキー）を取り扱っている。

　代表的な取り組みは、「Cask NFT」と呼ばれる NFT の販売である。Cask NFT とは、蒸留して間もないウイスキー樽、あるいは既に熟成中のウイスキー樽に関する「小口所有の証明書」を NFT にしたものである（ビジネスモデル特許取得済み）。

　UniCask プロジェクトには 3 つの特徴がある。

　1 つ目は、実物資産と NFT を掛け合わせたプロジェクトであることだ。

　NFT プロジェクトによっては、ボラティリティ（価格変動）の部分で問題を抱えていることがある。しかし UniCask プロジェクトでは、そういった問題に対して新しい価値観をつくるのではなく、目に見えるものである実物資産と、NFT を掛け合わせた既存の世界観とのつながりを持った架け橋のようなプロジェクトとなっている。

　2 つ目は、実物資産の中でもウイスキーであるということだ。

なぜウイスキーなのかというと、それは「時間」を主要なファクターとして経過とともに価値が上がる（見込みの高い）物だからである。実際に存在するあらゆるものについて、「そのものの品質（価値）」は基本的には経年すると劣化していく傾向にある。一方、ウイスキーは経年によって味わいが増していく数少ない実物の一つである。

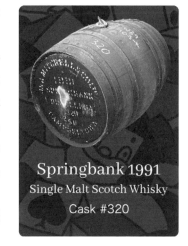

Springbank 1991
Single Malt Scotch Whisky
Cask #320

3つ目は、Cask NFTという新たな販売方法であるということだ。

元々、ウイスキー樽の売買は、業者間での信用取引（紙管理）が主であった。しかし、この樽について、「小口所有の証明書」をデジタル上でNFTとして販売することで、個人向けにウイスキー樽を民主化することが可能になったのである。

これは蒸溜所からすると、ボトリングのタイミングを待たずに樽の売買ができるのでキャッシュフローの問題が改善するメリットがある。また、購入者側からすると、樽の熟成からボトリングを待つ楽しみだけでなく、ホルダー同士のコミュニティも楽しめる。

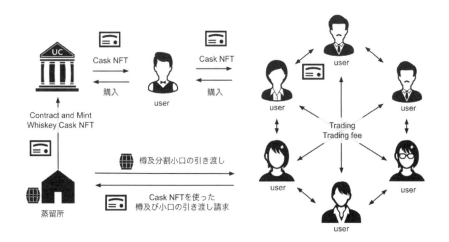

コミュニティは、DAOが形成されており、オリジナルのウイスキーボトルの製作などを通して、ホルダーたちでつくったボトルを全国で販売する取り組みなどが行われている。

　運営側は「ウイスキーが出来上がってから売れる」というキャッシュフローを改善することができる。ホルダーはNFTを保有している時間を、コミュニケーションを通して楽しむことができ、手放したくなった場合は売却できる。
　今までのウイスキービジネスの懸念事項をNFTを用いてうまく取り払った事例であるといえよう。

「Cryptoの未来を信じる人が集う場所」を コンセプトにした東京銀座のバー

プロジェクト名 **CryptoBar P2P**

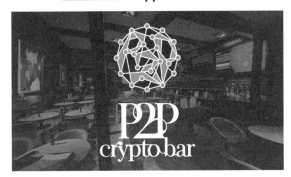

【発売日】2022年5月8日
【関連URL】https://cryptobarp2p.io/　https://nft-media.net/business/p2p-ginza/13441/
https://twitter.com/CryptoBarP2P
【プロジェクトオーナー】名平睦美　【業種・業界】飲食

概要 **支払い行為さえも楽しめるエンターテイメント空間**

CryptoBar P2Pは、「Cryptoの文化と技術を愛する人のための大人の隠れ家」をコンセプトに現実空間でクリプトという共通の趣味を持った人が集まるコンセプトバーである。

CryptoBar P2Pの特徴として、専用のNFT会員権を購入した人しか入店できない仕組みとなっていることだ。

このお店に入店するためのNFT会員権は、オフィシャルサイトから購入することが可能で有効期限が1カ月もしくは1年のいずれかを選べる。

　1day利用のプランも存在するが、会員権の費用と比べると割高になっており、現在の価格であれば月に2回以上お店を訪れるのであれば会員になったほうがお得となっている。

　会員権の価格は、おおよそ150ドルとなるように設定されているとのことで、法定通貨とETHの価格が変動すると、販売価格が変わる。

　なお、年間会員権を保有している人に限っては、1名に限り同伴者も入店することができる。会員権のホルダー、ならびにその同伴者は店内にあるドリンクやおつまみを自由に飲食することが可能である。

　有料オプションとして、鍵のかかったセラーに入ったドリンクや、追加のフードも用意があり、こちらは暗号資産決済で購入することが可能だ。

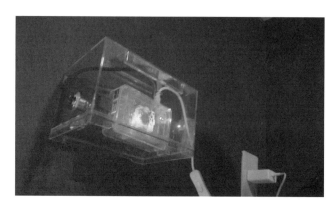

　支払い通貨は、ETHやBTCのLightning決済の他、WETH、USDC、USDTなど多数の暗号通貨に対応している。日本円は現金・クレジットカードともに一切使用できないため、暗号通貨決済を強制的に体験でき、支払い行為すらも一種のエンターテイメントとして楽しめる空間となっている。

　人と会わなくてもコミュニケーションの取れる世界が世の中に浸透する一方で、直接会うことの大切さや縁を「クリプト」を通じて体感してもらうという有意義な場ではないだろうか。

66 世界初、NFTアートと紐づいた 日本酒「雷鳥」

プロジェクト名 NFT日本酒「雷鳥」

【発売日】2022年10月1日
【関連URL】https://twitter.com/hummingbird_rbb　discord.gg/v2W2Sgshkh
https://opensea.io/collection/nft-sake-thunderbird
【プロジェクトオーナー】合同会社VUIKU：
https://www.google.com/url?q=https://www.vuiku.com/&sa=D&source=docs&ust=1674275
759138825&usg=AOvVaw0LahPaQvW1Im8MddJF-QaL
【業種・業界】飲食店、地方創生

8

飲食

概要 資金サイクルの問題は、NFTで解決できる

合同会社VUIKUのプロジェクトであるNFT日本酒「雷鳥」は、NFTアートがデザインされた世界にただ1つの日本酒を発売するプロジェクトだ。

NFT日本酒の販売を通して、デジタルな情報価値を持つNFTと、味、香、温度などのアナログ（リアル）な体験価値を持つ日本酒という、異質なものを組み合わせ新たな

価値を生み出し、日本酒の新たなあり方を模索しようとしている。

このプロジェクトは2022年春、VUIKU代表の須田氏が飛騨高山を訪れた際に、生まれたものだ。酒蔵に話を聞いて回るなかで、新しい日本酒造りに挑戦したくてもできない酒造が多いことを知った。その理由が「先に仕入れをしてから開始する資金サイクルに耐えられない」であったことから、これはNFTで解決できるのではないかと考えたとのことだ。

さらには「外部の人が関わりにくい閉じた構造」「地元以外で日本酒がどう飲まれているのかわからない」「年々日本酒の飲まれる量が減っている」という悩みも出てきた。

199

それを踏まえたアプローチを考え続けた結果、今回のNFTプロジェクトを開始するに至ったようだ。

　プロジェクトのキービジュアルデザインは、岐阜県の県鳥である「雷鳥（ライチョウ）」をモチーフに東京藝術大学美術学部デザイン科の林宋其氏が作成。雷鳥は日本の特別天然記念物であるだけでなく、氷河期からの生き残りであるという説があり「神の鳥」とも呼ばれている。
　このデザインには、購入した人に幸せが訪れてほしいという願いも込められているという。
　購入者がこのNFTアートを購入し、Sake DAOというコミュニティで配送先の設定を行うと、購入したNFTアートのデザインされた日本酒が手元に届く。また、所有するNFT日本酒であれば追加購入が可能で、ギフトとして誰かに贈ることもできる。
　さらに、NFTホルダーは、飛騨高山にある築100年の古民家を改装したゲストハウス「紫旅館」に割引で宿泊することができる他、飛騨高山でのオフ会や、酒蔵ツアー等、飛騨地域に縁が生まれる仕組みが企画されている。
　NFT日本酒「雷鳥」は、日本酒をNFTアートと組み合わせることで、日本酒の新たな価値を表現し、さらには全く新しい販路の開拓を試みた事例である。
　今後もWeb3技術を用いたオリジナル日本酒の製造や、販売した日本酒の売り上げをNFT所有者に還元するような仕組みづくりを構想しているとのこと。なお、本プロジェクトの売上の10%は飛騨地域に寄付される予定だ。地域活性化にもつながるプロジェクトであるといえよう。

67 会員に対して年賀状と会員権を NFTで配布

プロジェクト名 **鮨渡利**

【発売日】2022年1月1日
【関連URL】https://ginzawatari.jp/
https://nft-media.net/food/sushiwatari/6098/
https://twitter.com/ginzawatari
【プロジェクトオーナー】渡邉哲也　銀座渡利
【業種・業界】飲食

概要 大将、渡邉哲也氏と行くバーベキューや花見などの案内も

「鮨 渡利」は、2022年1月1日、過去に「鮨 渡利」にて$SUSHI決済を行ったことがある会員に対して、デジタル会員権と年賀状のNFTを配信した。

実際の年賀状NFT　引用元：https://prtimes.jp/main/html/rd/p/000000008.000079845.html

　配布された年賀状NFTには、2022年1月29日および30日に開催される寿司食べ放題イベントへの無料招待券が付いているという取り組みである。

　また、2022年始にはメタバースで電子マグロ初競りオークションが開催された。この取り組みは、現実世界でのマグロの初競り価格をNFTマグロの落札価格で超えることを目標として行われた。2022年は約80万円ほどで取引が行われた。

　当初は、この電子マグロの落札価格が上がれば上がるほど、寿司食べ放題イベントで食べられる寿司ネタが増えるという企画であったが、景表法の観点から実施が困難となったため、1月29日、30日に開催するイベントは電子マグロの落札価格に関わらず、全てのネタが食べ放題となって提供された。

　また、このNFT会員権ホルダーには、「鮨 渡利」の大将、渡邉哲也氏と行くバーベキューや花見などの限定イベントの案内が届くようだ。暗号通貨を使った決済を提供するだけではなく、NFTを用いてお店とお客の距離を近づける試みを行った事例である。

68 NFTを活用した飲食店応援プロジェクト

プロジェクト名 カフェ「こはくの天使」
メニュースポンサーNFT

【発売日】2022年2月18日
【関連URL】https://mediaequity.jp/　https://www.for-it.co.jp/
https://nft.hexanft.com/sponsors/kohakunotenshi
【プロジェクトオーナー】
メディアエクイティ株式会社：https://mediaequity.jp/
株式会社フォーイット：https://www.for-it.co.jp/
カフェ「こはくの天使」：https://higashinecoffee.site/
【業種・業界】飲食、地方創生、ブランディング

概要 メニュー表にスポンサー枠を作成し、販売

　徳島県にある水研ぎ焙煎コーヒーが自慢のカフェ「こはくの天使」で、カフェ『こはくの天使』メニュースポンサーNFTが販売。

　このプロジェクトは、カフェのメニュー表にあるメニューそれぞれにスポンサー枠をつくり、その枠をNFTとして販売したものだ。

　第一弾では18個のNFTが発売から2分で完売し、第二弾も発売開始後、即完売。続く第三弾では、メニューではなく、オリジナルタンブラーのパッケージのスポンサー枠が、第四弾では子育て支援のために破格の値段で提供している特別なメニュー「コドモカレー」のスポンサー枠がオー

8
飲食

クション形式で販売された。

スポンサー NFT のホルダーは、カフェ『こはくの天使』及びそのメニューのスポンサーであることを公言できる。

具体的には、カフェのメニュー表の QR コードから名前やツイッターアカウントのリンクを掲載することが可能となる。そのページには、本プロジェクトで使用された NFT マーケットプレイス HEXA のスポンサーNFT ページからもアクセスが集まる。

また、NFT を転売した際には転売額の最大 10% がカフェに還元され、カフェの発展、成長に貢献できる。

スポンサー枠を購入することで、カフェへの資金提供となり、カフェのさらなる発展につながる。するとスポンサー枠の価値が上がり、NFT ホルダーはメニュー表の宣伝枠がほしいユーザーへの NFT の売却によって利益を得ることができる。

前述のとおり売上の一部がカフェに還元され、さらにカフェが発展する。このような好循環をつくり出すことを目指している。

結果として、カフェを知らなかった人が今回のプロジェクトでお店を知り、NFT を購入して EC サイトからも商品を購入してくれるなど、遠方に住んでいても支援者としてカフェに関わってくれる新たなファンの獲得にもつながったようだ。

本プロジェクトはスポンサー枠の販売を通して、飲食店の継続・発展に貢献できる新たな関わり方を創出した事例となった。

第9章
不動産

69 NFTを用いた2次流通可能な ホテルの宿泊権利

プロジェクト名 NOT A HOTEL MEMBERSHIP

【発売日】2022年8月
【関連URL】https://app.notahotel.com/　https://nft-media.net/business/not-a-hotel/
https://vimeo.com/718521141
【プロジェクトオーナー】NOT A HOTEL株式会社　https://notahotel.com/
【業界】不動産、宿泊業

概要 新たなライフスタイルの提案

　NOT A HOTELは毎年1日単位で利用できる宿泊権と各種特典を合わせた会員権型のNFTである。

　リゾートホテルのタイムシェアの会員権をNFT化したように思えるが、大きく異なるのは二次流通が可能だということである。また、旅のスケジュールが合わなければ、会員権ではなくその年の宿泊権利のみを売却することも可能となっている。

　このNOT A HOTELには2種類のMEMBERSHIP NFTがあり、NFTの保有者には毎年、1泊もしくは3泊分の宿泊権利が与えられる。ただし、どのホテルに宿泊するかは自身で選択することができず、宿泊の3カ月前に届く『THE KEY』というNOT A HOTEL専用のカギを受け取ると同時に宿泊先が確定する。

これは「普段選択しない、新しい体験をしてほしい」という運営側のミッションがサービスに色濃く反映されている。

また、NFTによる宿泊権利の期間は建物の耐久年数と同じ47年間となっており、購入はETH、JPY、デジタルアセット担保ローン（※）の3種類から支払い方法を選ぶことができる。

さらに、NFTホルダーを対象としたイベントも複数開催され、ホルダー同士の交流や、NOT A HOTEL専属シェフの料理がふるまわれる企画や忘年会が開催されたりと、宿泊開始前のコミュニケーションも行われた。

宿泊施設は現在も拡大中で、今後はますます選択肢も増えるとのこと。別荘を購入しても、毎日は使わない。そこでタイムシェアの仕組みがつくられた。さらにそこからNFTを用いて会員権を流動化させ、宿泊しない年度についてはホテルとして貸し出す。不動産の事例ではあるが、NFTを用いた新たなライフスタイルの提案ともいえよう。

※デジタルアセット担保ローンとは
　保有しているBTCやETHなどの暗号資産を担保として日本円の借り入れを行うローンのことを指す。

引用元：https://notahotel.com/next

不動産NFTを用いた資金調達による、
不動産売買スキームの実証実験

プロジェクト名 「オルタナティブアセット×DeFi」の
社会実装プロジェクト

【発売日】2022年7月29日（ドバイの物件の発売日）
【関連URL】
トグルホールディングス株式会社のプレスリリース
「ドバイの区分マンションを対象とした不動産NFTを用いた資金調達による不動産売買スキーム
の実証実験を開始」
https://prtimes.jp/main/html/rd/p/000000007.000097866.html
トグルホールディングス株式会社のプレスリリース
「不動産を担保にNFTで融資を受けるDeFi事業の実証実験を開始」
https://prtimes.jp/main/html/rd/p/000000002.000097866.html
Ouchi Financeのプレスリリース
「NFT不動産第3弾：ついに日本上陸 オーベル練馬区分一室のNFT不動産が販売決定！」
https://prtimes.jp/main/html/rd/p/000000002.000086995.html
【プロジェクトオーナー】
トグルホールディングス株式会社：https://toggle.co.jp/
OUCHI finance：https://app.ouchi.finance
【業種・業界】不動産、ファイナンス

概要 マンションの一室を担保に融資を受けて資金調達

　区分マンションの一室を担保に融資を受けて資金調達を行い新しい投資
マーケット創造に挑戦するのがこの「オルタナティブアセット×DeFi」
プロジェクトである。

　不動産投資は、投資金額が大きい場合が多いため、これまで気軽に投資
できる資産とは言い難かった。そういった問題をNFTを活用して不動産
投資に対するハードルを下げようとする挑戦的な試みである。

※DeFi（Decentralized Finance:分散型金融）とは、金融機関などの中央管理
　者が存在せず、ユーザー同士がお互いに管理し合う仕組みを持った金融
　サービス。

※オルタナティブアセットとは、上場企業や債券といった伝統的な資産
　「以外」の新しい投資対象、資産のこと。

本不動産運用スキームの概要

利用者 → 代金 → toggle → 実際の不動産 → OUCHI finance

利用者 ← 小口化されたNFT不動産 ← toggle ← NFT化された不動産＋小口化 ← OUCHI finance

OUCHI financeの第1弾プロジェクトは、イタリアの車メーカー「ランボルギーニ」社がエジプトに所有するレジデンスの2部屋をNFT化して販売したところ完売し、2022年10月にはNFTの償還を迎えた。

第2弾は、トグル社代表がドバイに保有する新築マンションの一室を担保とした不動産担保ローンNFTを、市場の投資家に販売した。目標数量の調達が完了後、調達した暗号資産を元手に対象不動産を購入し、所有権が移転される計画で、7月29日に販売口数

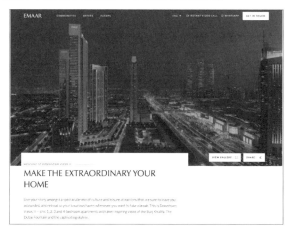

MAKE THE EXTRAORDINARY YOUR HOME

4,080口として販売を開始、8月8日時点で273口が売れたという。

第3弾では、東京都練馬区の区分マンションであるオーベル練馬の一室を担保とし、NFT化及び小口化して販売した。これまでの物件は海外かつプレビルド（建設中に物件を購入すること）で実感を持てないとの声があったため、都内の建築済みの物件を対象としたとのこと。

オーベル練馬は、都営大江戸線練馬駅、西武池袋線桜台駅の各駅から徒

歩5分という好立地にある1993年8月竣工のマンション。4月23日に既存の投資家向けに販売を開始した後に通常販売を開始したところ、想定以上のペースで売れ、発売からおよそ1カ月経った5月31日には売り切れ、好調な売れ行きを示した。

　本プロジェクトの不動産NFTは、Ouchi Finance のガバナンストークンであるOUCHIトークンによってのみ購入が可能となっている。

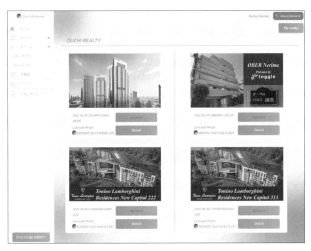

引用元：Ouchi Finance 不動産　https://app.ouchi.finance/#/realty

　以上3物件の2023年1月25日時点の各ユニット販売価格は、エジプト150,000OUCHI（122.55 $）、ドバイ230,000OUCHI（187.91 $）、練馬40,000OUCHI（32.68 $）。
　これに対して二次流通価格（1月24日時点）は、エジプト72,000-3,000,000OUCHI（58.824-2,451 $）、ドバイ610,000-1,000,000OUCHI（498.37-817 $）、練馬29,500-34,000OUCHI（24.1015-27.778 $）となっている。

　NFTを活用した不動産運用スキームを通じて、これまで参入ハードルが高かった不動産投資への入り口を広げることができる、新たな可能性を秘めたプロジェクトであり、不動産市場の活性化にも期待が寄せられる事例である。

71 約6,000万円の「NFT住宅」の デジタルアートで現実の住宅建築も可能に

プロジェクト名 MARS HOUSE (マーズハウス)

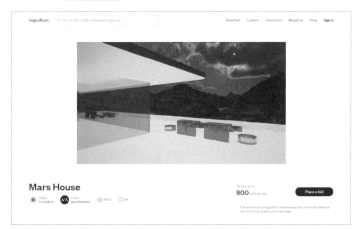

引用元：https://superrare.com/artwork-v2/mars-house-21383

【発売日】2022年3月15日
【関連URL】MARS HOUSE NFT (SuperRare)
https://superrare.com/artwork-v2/mars-house-21383
【プロジェクトオーナー】MARS HOUSE公式サイト
https://www.kristakimstudio.com/marshouse
【業種・業界】不動産

概要 メタバースから始まる現実世界の住まい

　ランバンなど有名ファッションブランドとのコラボで知られる現代アーティスト、クリスタ・キム氏のNFTアート「マーズハウス（火星の家）」が約6,000万円で落札された。作品自体は住宅をテーマにした映像と音楽からなる3Dビデオクリップである。

　この作品は、マーケットプレイス「Super Rare（スーパーレア）」においてオークション形式で販売された。10時の出品時点からオファーが入り始め、翌日には約200万円、約700万円、最終的に約6,000万円の入札があり、売買が成立した。

この「3分間の映像作品」である「NFT住宅」になぜそれだけの高値がついたのであろうか？

　Super Rareによるとこの作品はブロックチェーン上に存在する史上初の「デジタル住宅」とのことである。この作品は単なる映像作品ではなく「メタバース」で住宅として使用できるNFTである。購入者は仮想空間であるメタバースの任意の場所にこのデジタル住宅を建設・設置し、そこで自分の分身である「アバター」を生活させることが可能になる。

　さらに、この事例の最大の特徴はデジタル上（ブロックチェーン上）にしか存在しないNFT住宅をイタリア建築メーカーに依頼をすれば現実世界で再現（建築）してくれる、という点である。デジタルデータでしかない「NFT住宅」と同じ家に、現実世界で住むことができるのである。

　このようなNFTを活用した「メタバースから始まる現実世界の住まい」は今後、住宅の設計、施工の新しい流れをつくるかもしれない。

　具体的に言うと、現在の住宅の設計は、建築士、設計士と打ち合わせを繰り返し、図面や模型に落とし込んでもらったものを見て、建築を依頼することが多い。しかし今後は、メタバース上で建築士と話ながら住宅をつくり、実際にそこで生活をしてみた上で現実世界の建築を発注する、ということが実現できる可能性があるということだ。

　マーズハウスは「アート」という枠を超えた、不動産建築におけるNFTの「実需性」を示す事例であるといえよう。

第10章
ゲーム

72 「ゲームで遊ぶ」が職業になる ブロックチェーンゲーム

プロジェクト名 **JobTribes** (ジョブトライブス)

【発売日】2021年1月29日　【関連URL】JobTribes：https://jobtribes.playmining.com/
【プロジェクトオーナー】Digital Entertainment Asset Pte.Ltd.：https://dea.sg/jp/
【業種・業界】ゲーム

概要 **複数のゲーム内で使用できるNFTアイテムも存在**

　JobTribesは職業をモチーフにしたカードバトルゲームだ。2020年5月にベータ版がリリースされ、今もなお続いている。ブロックチェーンゲームの中では比較的長く続いているゲームである。

　日本人メンバーが立ち上げており、日本の著名なマンガ家やイラストレーターによるNFTが豊富にあることが特徴だ。例としてファイナルファンタジーシリーズのキャラクターデザインなどで知られる天野喜孝氏の初めてのNFTがゲーム内のカードとして提供されている。

　また、ゲームで使用される暗号資産のDeapCoinは2022年1月に初めてゲームコインとして日本の取引所に上場した。これにより、複数の暗号資産変換や取引所を経由する負荷が少なく、暗号資産にまだなじみの薄い初心者でも取り組みやすくなったといえる。

　JobTribesが提供されているプラットフォームのPlayMiningは複数のゲームのプラットフォームであるため、JobTribesだけでなく複数のゲーム内で使用できるNFTアイテムも存在している。

DeapCoinもPlayMining内の複数ゲームで使用されるため、1つのゲームタイトルの隆盛に影響を受けすぎず比較的安定することが期待できるだろう。

同じプラットフォーム内でリリースされているゲームも多く、既に制作発表されているタイトルも多い。ゲーム自体が日本語プレイも可能で、日本のユーザーコミュニティも活発だ。ブロックチェーンゲームの中でも日本人初心者に易しいゲームと言えそうだ。

ゲーム自体は無料でプレイが始められる。暗号資産を得るには大会などで上位成績を収めるほか、所定の条件のNFTを所有していると参加できるモードがあり、プレイすることで獲得することができる。ブラウザでプレイできるため、様々な端末でプレイが可能だ。

NFTを使用しないと暗号資産を得ることが難しいが、JobTribesでは借りたNFTでプレイできるスカラーシップ制度が導入されており、スカラー（NFTを借りる人）に採用されれば自分でNFTを購入しなくてもプレイできる。

個人のNFTオーナーを探す以外にも、複数の企業が公式ゲームギルドとしてNFTゲームギルド運営に事業として参入しており、定期的にプレイヤーの募集が行われるため応募してスカラーになる機会がある。

もちろん、自分でNFTを貸して、他のユーザーにプレイしてもらうことで自分一人がプレイする以上に収益を得ることも可能だ。

暗号資産の配布量は運営によりコントロールされており、相場を鑑みて変更されるため価格崩壊が起こりにくい構造になっている。

ゲームにNFTを加えることにより、「アイテムの保全」「ユーザー間で貸借や売買を行う」「遊びながら資産が増える」というような新しい価値が生まれたのではないだろうか。人間の生き方が変わる一つの事例であろう。

引用元：https://jobtribes.playmining.com/

73 スカラーシップ制度で NFTゲームのユーザー層を広げた

プロジェクト名 Axie Infinity（アクシーインフィニティ）

引用元　https://axieinfinity.com/

【発売日】2018年5月　【関連URL】https://axieinfinity.com/
【プロジェクトオーナー】skymavis：https://www.skymavis.com/　【業種・業界】ゲーム

概要　「遊び＞稼ぐ」という流れをつくっているゲーム

　Axie Infinityはアクシーと呼ばれるキャラクターのNFTを使って遊ぶ
ことで暗号資産が得られるゲームである。キャラクター造形のかわいさ
や、キャラクターの持つスキルの掛け合わせによる戦闘の戦略性の高さが
特徴だ。

　それまでのNFTゲームは最初に高額なNFTを購入しないとプレイがで
きないというブロックチェーン特有のハードルの高さがあった。そこでこ
のAxie Infinityはいち早く「NFTを所有して貸す側」と「NFTを借りて
プレイする側」の2つの立場からゲームに関われるスカラーシップと呼ば
れる制度を設けた。

　その結果、高額なNFTを購入せず、NFTを借りてゲームをプレイする
ユーザーが増えた。

　さらにCOVID-19により外出が制限され、今までの働き方ができない
という社会情勢のなか、スマートフォンで自宅に居ながら収入を得られる
というのもユーザー数が増えた理由の一つであろう。特に世界的に見て収

216

入の低いアジア諸国のユーザー数の増加が顕著であった。

　その後、このスカラーシップを取り入れるゲームが増え、他タイトルへ
も大いに影響を与えた。知名度やユーザー数（2022年12月月間平均プレイヤー
数約46万）からいってもNFTゲームの代表ともいえるゲームである。

　Axie Infinityではバトルのランキング入賞やブリード（キャラクターの
NFTを掛け合わせてNFTを生み出す）で新たなアクシーのNFTを得て売買す
ることで収益が得られる。

　バトルではアクシーのキャラクターの見た目が所有スキルと連動してお
り、相手の手札を推測することが可能だ。

　バトルの仕組みはそこまで複雑ではないが、このキャラクターの所有す
る多様なスキルの組み合わせが複雑さを生み出しており、攻略して上位を
狙うにはどのようなキャラクター編成にするか、相手の手を読み次の手を
考えるやりこみが必要となってくる。

　ただ高いキャラクターを揃えればよい、ではなくスキルの知識や戦略の
研究をしないと上位入賞は難しく、プレイヤースキルにより上位入賞する
と稼ぐことが可能だ。

　入賞以外には、アクシーのNFTはブリードで生み出してマーケットで
売買することもできるため、ブリードでの売却益を狙うことも可能だ。

　一時期程の過熱はないものの、高額な賞金をかけた世界大会も開かれて
おり、e-SPORTS的な展開がされてきている。日本でもAxie Infinityのプ
ロゲーマーが生まれている。

　最近ではAxieOriginsという無料でアクシーのキャラクターを入手して
ゲームできるモードも始まり、ゲーム参入のハードルが下がっている。

　バトルだけではなく、仮想空間HOMELANDでのゲーム実装など精力
的に開発が進められている今後も期待したいゲームだ。

　NFTゲームは「お金が稼げる」という文脈のゲームが目立つなか、戦
略性をもってじっくり遊べるという結果として「遊び>稼ぐ」という流れ
をつくっている本ゲームは、長く遊ばれる可能性を十分に持つ事例である。

ゲーム

プロジェクト名 **STEPN** (ステップン)

【発売日】2021/9/27
（販売ではなく最初のGiveaway）
【関連URL】
https://whitepaper.stepn.com/
https://twitter.com/Stepnofficial
【プロジェクトオーナー】
Find Satoshi Lab
https://stepn.com/
【業種・業界】ゲーム、その他

概要 **STEPNを通じたコミュニティも健在**

　NFTを活用して、100万人を超える世界中の人々の運動習慣を変えたライフスタイルアプリ。STEPN（ステップン）は、スニーカーNFTを装備して移動することにより暗号通貨（$GST）を獲得し、それを消費してスニーカーNFTのレベルを上げたり、法定通貨に現金化して利益を得たりすることができるWeb3アプリケーションだ。

　スニーカーNFTにはウォーカー・ジョガー・ランナー・トレーナーの4つの種類があり、それぞれに定められた速度域で「歩く」か「走る」ことが、暗号通貨を獲得する条件となる。STEPNが登場する以前にも、移動することでポイントを稼ぐアプリは存在していたが、それらの稼ぎが1日あたり数円〜10円程度であったのに対し、STEPNは数千円〜数万円と桁違いに高く、文字通り「歩くだけで生活ができる人」が続出した。

　誰もが日常のなかで必ず行う「移動」が報酬になることのインパクトは凄まじく、STEPNの存在は主にTwitterを通じて爆発的に広がった。

　ゲームやWeb3.0に馴染みのない人々までもがSTEPNをプレイし始め、Twitter上では「今日は5km走った」「自宅の最寄り駅から1つ前の駅で降りて、STEPNしながら帰った」という報告が日々上がるようになった。

この流れは個人の活動にとどまらず、世界各地で有志によるランニングイベントが開催されるなど、新たなスポーツコミュニティが誕生するにまで至った。

また、アシックスとコラボレーションしたり、暗号通貨での決済を可能にするAlchemyPayとの提携により、アプリ内で獲得した暗号通貨で現実世界の買い物ができるようになったりと、実社会の経済圏との接続も実現した。

さらに、国内の地上波でも特集が組まれ、多くの人の知るところとなったが、この勢いは長くは続かなかった。

2022年5月に暗号資産市場全体の市況の悪化と、STEPNゲーム内の経済圏設計の問題が合わさり、$GSTの価値が暴落。これにより、1日あたりに稼げる額が大幅に下落し、稼ぎを主目的とするユーザーは一気に離れた。

また、毎日数千人単位で増え続けていた新規ユーザー数も陰りを見せ、STEPNの話題を耳にすることは日に日に少なくなっていった。

では、STEPNは失敗だったのかというと、そうではないのではないか。

稼ぎが減ったことで「儲けるために利用していた人」を中心にユーザー数は減ったものの、今も運動を目的としてプレイし続けているユーザーは一定数存在しており、STEPNを通じたコミュニティも健在で、新たな人とのつながりや健康習慣が生まれている。

こうした現実は間違いなくSTEPNがもたらしたものであり、STEPNの運営が最初から一貫して謳っていた「健康的なライフスタイルの実現」は、間違いなく実現している。

これは稼ぎが少なくても続けたいと思わせるほど、STEPNの「UI/UXが優れていた」ということの証左に他ならない。

STEPNは、NFTと暗号通貨を活用して、ライフスタイルを変化させるまで、行動変容を促すことができた好例であり、私たちが「やったほうがいいとわかっていても、なかなか実行に移せないこと」に対して、インセンティブを通じて前向きに取り組めるようになる可能性を示した。

なお、この事例については「挑戦する大人を増やす」ことをミッションとするLGG（LCA GAME GUILD）さんに多大なご協力を頂いた。

75 NFTカードが資産になる 日本最大級のブロックチェーンカードゲーム

プロジェクト名 **Crypto Spells** (クリプトスペルズ)

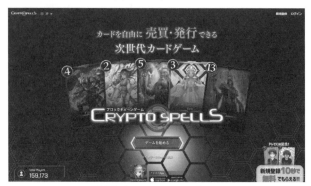

引用元：https://cryptospells.jp/

【発売日】2019年6月25日
【関連URL】https://cryptospells.jp/
【プロジェクトオーナー】CryptoGames株式会社：https://cryptogames.co.jp/
【業種・業界】ゲーム

概要 ゲームの世界をつくる側にユーザーを巻き込む

　Crypto Spellsはユーザー同士で自由にトレードができる、デジタルトレーディングカードゲームで2023年1月現在プレイヤー数15万人という日本最大級の規模のブロックチェーンゲームである。

　海外製で運営の顔が見えないプロジェクトが多いなか、日本のメンバーが関わっており、日本語で提供されているうえに、ゲームのビジュアルなどもクオリティが高いといわれている。

　さらに無料で始められて、日本語コミュニティや日本語情報も充実しており、ブロックチェーンゲームの中でも、初心者でも始めやすいゲームといえるだろう。

　ブラウザで遊べるため、様々な端末環境でプレイが可能だ。スマートフォンアプリも提供されており、会員登録はメールアドレス、ウォレッ

220

ト、Twitterで行うことができる。

　トレーディングカードがNFTとなっており、ユーザーはカードを組み合わせて自分のデッキを構築し、CPU（コンピューター）やプレイヤーと戦闘する。ゲームに勝利することでゲーム内通貨を獲得できる。

　個人プレイも可能だが、ゲーム内にギルド制度（他のプレイヤーとチームを組むこと）があり、ギルド対抗戦をはじめとした様々な大会が定期的に開かれている。

　公式サイトでは、"ゲームにかけた時間もお金も情熱もあなたの資産となる世界　クリプトスペルズはデジタルでもユーザー同士で自由な売買ができることで、「カードが資産になる」次世代カードゲームです。"と謳われており、カードゲームという特性上、種類も豊富であるため、戦闘だけではなくカードをコレクションしていくという楽しみもある。

　特にレアリティの高い希少なカードであれば、ゲームにおいての価値のみならず、現実世界においても高額で取引される可能性がある。トレーディングカードであるNFTを現実の資産に交換できるというのは今までになかった楽しみであろう。

　Crypto Spellsはユーザー参加型であることも特徴となっている。ユーザーが主役となる非中央集権的なゲームを目指すと公言しており、カードのパラメータ調整にユーザーが投票できるなどゲームバランスの調整にもユーザーが参加するという、DAO（自律分散型組織）に近い運営の仕組みが採用されている。

　また、NFTであるトレーディングカードは、ユーザーがカード発行権を使って新たなNFTを発行することもできる。（発行には条件あり）発行したカードはNFTマーケットで売買ができ、発行者はクリエイターとして継続的に収益を得ることができる。

　他のプロジェクトとのコラボレーションも盛んで、2022年のふるさと納税で兵庫県加西市の返礼品NFTとしてCrypto Spellsのゲーム上で使用

できるやしろあずき氏のイラストのNFTが発行された。

　このように、ゲームの世界をつくる側にユーザーを巻き込み、ゲームそのものはもちろんのこと、現実世界での恩恵（作成したカードによる収益）も仕組みとして提供することで、「長く遊び続けられるゲーム」となっている、ユーザーのモチベーションと運営の方向性を同じ方向に向けた事例であるといえよう。

ユーザー発行カード例

発行者	発行者	発行者	発行者
#012345 しまりすさん	#005153 ともいさん	#014947 UNKNOWNさん	#001456 Raydarkさん

発行者	発行者	発行者	発行者
#005284 aaaaさん	#003430 CryptoKoalaさん	#005980 TPHzjn3hen-ND1glさん	#004184 Rain_Makerさん

引用元：https://cryptospells.jp/

76 ハイクオリティのゲーム体験で世界の注目を集めるPolkaFantasy

プロジェクト名 **PolkaFantasy** (ポルカファンタジー)

引用元：https://polkafantasy.com/jp/

【発売日】2023年5月　【関連URL】PolkaFantasy：https://polkafantasy.com/jp
PolkaFantasyゲームサイト：https://game.polkafantasy.com/jp
【プロジェクトオーナー】代表ALEX HUI　インタビュー
https://nft-media.net/game/polkafantasy-interview/6170/
【業種・業界】ゲーム

概要 **二次元カルチャーに特化したプロジェクト**

PolkaFantasyは日本のアニメ・コミック・ゲーム文化に特化したプロジェクトで、既存のブロックチェーンゲームとは一線を画したトップクオリティのグラフィック・ゲーム要素を提供するとしている。

既存のゲームに慣れているユーザーにはブロックチェーンゲームはクオリティが物足りないと感じる人が多いと思われるが、PolkaFantasyはクオリティに期待が持てるブロックチェーンゲームといわれている。

具体的には、開発陣には日本のトップゲーム会社出身のメンバーが参画している。

他にも、100体以上の日本のイラストレータースタジオによる描き下ろしNFTキャラクター、豪華声優陣によるNFTキャラクターボイス、テーマソングやBGM等に著名音楽プロデューサーを起用するなど、クオリティアップに余念がない。

これは、面白いゲーム、いいゲームには必ず人がついてくる、という本質的なメッセージの表れなのではないだろうか。

PolkaFantasyはファンタジー世界を舞台に3対3のカードバトルを行う。

多くのブロックチェーンゲームはゲームのプレイヤーに収益が得られるように設計されているが、PolkaFantasyはクリエイターにも収益が得られるような形を目指しているようだ。

二次元カルチャーに特化したプロジェクトということもあり、ビジュアル等ゲームのクオリティは高いといえる。

トークン設計やゲームシステムについてはまだ明かされていないことが多いが、実績のあるメンバーが多く、「ダイナミックなランドシステムと緻密に設計されたトークンエコノミー体験を提供」と公言しているため練り込まれたものになることが予想される。

ゲームの開発進捗については、2022年10月〜β1版公開が行われた。公式noteによると、正式リリースは2023年5月を予定している。

ゲーム自体はwindows、MacそれぞれPCにインストールする形でプレイするようだ。

クオリティの面で今まで取り込めていなかった多くのゲーマー層をブロックチェーンゲームに引き込む可能性のあるゲームといえるだろう。

ブロックチェーンゲームの中で世界での注目度も高いプロジェクトだ。

引用元：https://polkafantasy.gitbook.io/polkafantasy-beta1/

参考：https://note.com/polkafantasy/n/nc74e1e59e91f

77 ゲームキャラクターやアイテムとしての NFT活用

プロジェクト名 My Crypto Heroes (マイクリプトヒーローズ)

【発売日】NFTプレセール：2018年9月21日　ゲームリリース：2018年11月30日
【関連URL】https://www.mycryptoheroes.net/　https://twitter.com/mycryptoheroes
https://linktr.ee/mycryptoheroes_jp
【プロジェクトオーナー】MCH株式会社：https://twitter.com/mycryptoheroes
【業種・業界】ゲーム

10
ゲーム

概要 ユーザーとともにプロジェクトを改善

　My Crypto Heroesは、「ゲームにかけた時間も　お金も　情熱も、あなたの資産となる世界」の実現を目指したプロジェクトであり、歴史上のヒーローたちを集め、育て、編成し、クリプトワールド制覇を目指すブロックチェーンゲームである。

　2018年11月に正式サービスを開始し、2年後の2020年11月に独自トークンMCHCを発行。イーサリアムベースのブロックチェーンゲームとして取引高・取引量・DAU（1日に遊んでくれた人の数）で世界1位、一次販売の総売上は約16,000ETH（約6億4,000万円）、累計アカウント数は34.5万、1日当たりの最大アクティブユーザー数は約9,000人を記録した。

　ブロックチェーンゲームの課題として、持続性がよく挙げられる。つまり、長く遊ばれないのである。

225

これには理由がある。それは多くのブロックチェーンゲームが「Play to Earn」と呼ばれるようにゲーム内報酬である暗号資産をゲームプレイのインセンティブとしている一方、同トークンを買い続けてもらう（買い増し、ユーザーの増加の両方）ことの難易度が高く、トークン価格の低下とユーザー離脱が進行するからだ。

　My Crypto Heroesでは、ゲームプレイによるトークン獲得の収益性を低減しつつも、ユーザーが離脱しないゲーム性の提供に重きを置いた。結果として、2018年以来4年以上安定的にゲームが遊ばれている。

　My Crypto Heroesの最大の特徴は、NFTを活用して、ゲーム内のユーザー履歴を極力ブロックチェーン上にパブリックに記録し、「ゲームにかけた時間も お金も 情熱も、あなたの資産となる世界」というビジョンそのものの実現を目指している点だ。

　さらに、ゲームバランスや運営方針、ゲームプロデューサーの選出や仕様変更までユーザーによるガバナンス（統治）が行われている点も大きな特徴だ。Scam（詐欺）的なプロジェクトも存在し、面白さよりも稼げるという文脈で見られるゲームが多いという市場環境のなか、適切なUX、NFTの活用法、ゲームの仕様などを議論するコミュニティの運営がユーザー主導で行われている。

　ユーザーとしてはプロジェクトのガバナンスに参加することができるというのが今までにない面白さなのかもしれない。

　ちなみに、本ゲームの現運営も全ての役員及びエンジニアがMy Crypto Heroesのプレーヤー出身の人物で構成されている。つまり、開発運営も自分たちのゲームのファンなのである。

　NFTの活用が期待されるゲーム分野で、ユーザーとともにプロジェクトを改善し、「長く遊ばれ続ける」ためのチューニングを繰り返して模索していくという、NFTならではの良い使われ方ではないだろうか。

プロジェクト名 **Sorare** (ソラーレ)

引用元：Sorare

引用元：Sorare

【発売日】2019年3月　【関連URL】https://sorare.com/
【プロジェクトオーナー】Sorare
Web：https://sorare.com/　SNS：https://twitter.com/sorare
【業種・業界】スポーツ、ゲーム、ファンビジネス

10

ゲーム

概 要 現実のサッカーの試合戦績がゲームに反映される

　Sorareとは、サッカーをモチーフにしたブロックチェーンゲームである。現実のサッカーの試合戦績がゲーム内のスコアに反映されるというシステムが採用されており、サッカーファンの間で話題となった。2022年8月時点での月間アクティブユーザーは90,000人を超えるなど世界的に注目を集めている。

ユーザーは実在するサッカー選手のデジタルカードを5枚組み合わせてチームを編成し、リーグに参加して他のユーザーとスコアを競い合う。編成したチームの選手が現実の試合で好成績を残せばゲーム内で高スコアを得られる仕組みで、成績上位にランクインすると、仮想通貨のイーサリアム（ETH）やレアリティの高いカードを景品として獲得できる。

　ゲームで使用するデジタルカードはNFT化されており、公式サイトやNFTマーケットプレイスなどを通じて自由に取引することが可能である。
　各シーズンで1枚しか発行されない「ユニークカード」は希少性が高く、数百万円規模の価格で取引されることもある。実際に、2021年3月に販売されたクリスティアーノ・ロナウド選手のユニークカードは、約3,200万円で落札され、大きな話題となった。

　自分の好きな選手がNFTカードとなり、ゲーム内で使用できるということもあってファンからの熱い視線を集めている。SNSでは「Sorareを始めて実際の試合が楽しみになった」といった声も挙がっており、ゲームと現実世界が連動するシステムはファンとスポーツのつながりをより濃くしたといえるだろう。
　なお、Sorareを運営するSORARE SASは、2021年にソフトバンクなどが主導する資金調達ラウンドで約750億円を調達している。
　SORARE SASのCEO兼共同創業者であるニコラス・ジュリア氏は「ブロックチェーンとNFTがもたらす計り知れない可能性が、サッカークラブやサッカー選手、そのファンに深いつながりをもたらす」とコメント。
　Sorareは、新たな技術によって高まったスポーツエンターテインメントの体験価値は意義深いものとして捉えており、今後もユーザーに価値を提供していく姿勢であることがうかがえる。

79 本格的RPGの ブロックチェーンゲーム化

プロジェクト名 **De:Lithe Φ** (ディライズファイ)

【発売日】2023年春予定→その後、開発中止
【関連URL】https://delithe-fi.io/　https://hashpalette.com/wp/news/20230215/
【プロジェクトオーナー】株式会社 enish：https://www.enish.jp/
株式会社 HashPalette：https://hashpalette.com/
【業種・業界】ゲーム

概要 現実世界に近いマネタイズポイントをNFTを用いて実現

　De:Lithe Φは累計777万ダウンロードを突破したスマートフォン向け ゲームアプリDe:Litheがブロックチェーンゲーム化されたものである。

　既に実績のあるゲームのブロックチェーンゲーム化ということで、ゲー ムの面白さやクオリティについては折り紙付き。好評だったキャラクター や装備の育成・強化システムや大規模なギルドバトルを活かし、NFTを 用いたゲーム体験が拡張となるようだ。

　ゲームのシステムは、プレイヤーは都度内容が変わるランダムダンジョ ンに挑戦する。そこではアイテムを獲得したり、リアルタイムのオンライ ンバトルが繰り広げられる。他のプレイヤーと協力してプレイすることも 可能だ。

　ギルドに所属することで初めてプレイできるコンテンツがあったり、仲 間とのコミュニティも楽しむことができる。NFTに課金せずとも、無料 でプレイすることも可能である。

ダンジョンで獲得した武器や防具は、NFTとしてトークンの採掘や他プレイヤーへの貸し出し、マーケットでの販売などができる。

　その他の暗号資産の入手方法として、オーナーシップという仕組みが用意されており、各種コンテンツの所有権やネーミングライツなどをNFTとして所有し、所有権に応じた特典が付与される。

　このゲームは「Gameverse-Play better, Earn more-」をコンセプトに掲げており、ゲームの共通の目的やルールの中で、各プレイヤーが自由に行動し、様々なものをつくり出し、仲間と交流できる世界の実現を目指している。実際、バトルステージやモンスターまで自由につくり出せるという自由度の高いゲームだ。

　また、バトルにおける立ち回り、総合的な知識、ギルドやパーティー内でのコミュニケーションスキル、キャラクター育成における独自のスタイル確立、おしゃれ装備のコーディネート、面白いダンジョンをつくる、みんながあっと驚くモンスターをつくり出す等、レベルの高いゲームアクションを行うことで、より高い報酬が得られる設計となっている。

　さらに、ゲーム内で入手した各種素材を使用して、装備品や料理などの各種アイテムを生産できる。生産したものをプレイヤー同士でやり取りすることもできる。戦闘に強いだけでなく、つくり出したものへの評価など、様々な特徴のプレイヤーが活躍できる機会がある。多彩なゲーム内の経済活動で「戦う」以外の楽しみ方ができる。

　現実世界に近いマネタイズポイントをNFTを用いて実現しているのが本プロジェクトの特徴であり、今後のNFTゲームの参考になりうるシステムなのではないかと考える。

　と、ここまで執筆したところで、本プロジェクトオーナーと委託先のゲーム開発会社にて今後プロジェクトの継続が困難となる事案が発生した。この事態を重く受け止めたプロジェクトオーナーは、NFTを購入したホルダーに返金を実施している。

　本件は、NFTゲームとしてその仕組みに問題があったわけではなく、あくまでも実装段階のトラブルであるため、あえて事例としてそのまま掲載させていただいた。

80 NFT技術を活用して新たに生まれ変わった MMORPG

プロジェクト名 元素騎士Online-META WORLD-

引用元：GENSOKISHI ONLINE-META WORLD-

引用元：GENSOKISHI ONLINE-META WORLD-

【発売日】2022年11月30日
【関連URL】https://genso.game/ja/
【プロジェクトオーナー】Metap.inc（中国社名：米塔数位有限公司）：https://metap.ai/
【業種・業界】ゲーム、アプリ

概要 現実世界の金銭と交換可能な暗号資産を稼げる

　元素騎士Online-META WORLD-（以下略：元素騎士オンライン）は、累計ダウンロード数800万以上を記録した人気RPG「エレメンタルナイツ」にNFTの技術を活用したMMORPGである。エレメンタルナイツは2008年に公開され、2012年に台湾で最も売れたゲームとして「台湾 Game Star Award」金賞を受賞するほどの人気ぶりであった。そのため、この元素騎士オンラインはリリース時よりコアなゲームファンからの注目を集

めた。

本ゲームは、「Play to Earn」と呼ばれ、ゲームで遊びながら現実世界の金銭と交換可能な暗号資産を手に入れることができる。

また、NFT化されたゲーム内の装備やアイテムを、ユーザー自身が制作・販売できる「UGC to Earn」の要素が導入されている点も本ゲームの特徴である。UGCとは「User Generated Contents」の略称で、ひらたく言えば「ユーザーのつくったコンテンツ」ということである。ユーザーは作成したNFTアイテムの販売で暗号資産を稼げるため、創作活動が好きなユーザーにはうってつけのシステムといえるだろう。

ゲームの運営側としても、NFT化されたアイテムが買われた際の代金や、ユーザー間でトレードする際の手数料などで報酬を得ることができる。実際に、2022年9月には元素騎士マーケットプレイスがオープンし、ゲーム内で使用できる装備が手に入るガチャが運営から販売されている。

また、マーケットプレイスでは、ユーザーが保有しているNFTアイテムを自由に出品して売買することも可能だ。もちろん、その際には運営への取引手数料が発生する。NFTを用いてユーザーと運営が共に収益を上げられるようになっている。

賞を獲得している人気のゲームにNFTの技術を活用した本事例は、日本だけでなく、アジア圏をはじめとする海外ユーザーからも熱い視線が注がれている。ゲームの機能が充実したり楽しみ方の幅が広がったりするなど、NFT化されることによってゲームが再評価される機会が提供されるというのも喜ばしいことである。

ゲーム内で使用される暗号資産（MVトークン）の最高時価総額は8,832億円に達し、全世界における2022年の仮想通貨上昇率No1を記録しており、本ゲームの注目度の高さがうかがえる。

Team GENSOと呼ばれる運営チームには、FFシリーズで知られる世界的アーティストの天野喜孝氏や、元LINE株式会社代表取締役社長の森川亮氏など、様々な実績や背景をもつ著名人が参加しており、日本経済産業省はばたく中小企業300選において表彰された実績を持つ。

第**11**章
教育

プロジェクト名 **Binance Academy** (バイナンスアカデミー)

引用元：Binance

引用元：Binance

【発売日】2018年8月　【関連URL】https://academy.binance.com/en
元記事：https://nftnewstoday.com/2022/11/22/education-courses-from-binance-with-nft-certificate/
【プロジェクトオーナー】Binance Holdings. Ltd.
Web：https://www.binance.com/en　SNS：https://twitter.com/binance
【業種・業界】教育

概要 自社のロイヤリティを高めるブランディング事例の一つ

　Binance Academyは、世界最大級の暗号資産取引所Binanceが運営する教育プラットフォームである。暗号資産に関連する幅広い内容の学習プログラムが用意されており、ユーザーは無償で利用できる。

　本プラットフォームの理念は、ブロックチェーンと暗号資産に関する学習プログラムをあらゆる人に無償で提供することである。実際に、暗号資

産領域の情報が体系的にまとめられたプログラムが提供されており「暗号資産への投資例やメリットやリスク、ブロックチェーンの基礎、業界の将来性」などの学習が可能だ。Binance Academyは暗号資産領域の知識を全般的に身につけたい人に適したプラットフォームといえるだろう。

　また、プログラムは定期的に内容のアップデートが行われている。2022年11月に行われたアップデートでは、NFTやメタバース等のWeb3関連のコンテンツが提供され、初心者から上級者まで幅広い層の受講者に対応できるプログラムが追加されていた。

　なお、プログラムの修了時に出題されるクイズに正解すると、NFTの修了証明書を取得することができる。

　実際にNFTを体験できる仕組みが導入されている点は本プログラムが「NFTは保有してみないとその感覚がわかりにくい」ということまで理解した上でカリキュラムを組んでいることに他ならないのではないだろうか。そういった意味でも信頼できる学習プログラムであるといえる。

　暗号資産業界は詐欺やトラブルなどが相次いでおり、業界の基礎的な知識や危険な側面について自ら学ぶことが重要である。そのため、無償で教育プラットフォームを運営するBinance Academyの活動は、業界全体の健全化に大きく貢献しているといえる。

　Binanceの共同設立者であり、CMO（最高マーケティング責任者）のHe Yi（イー・ヘ）氏は、「ブロックチェーン業界はまだ初期段階にあり、NFTやメタバースなど、多くの新しいコンセプトが生み出されているところである。あらゆる人がこの業界の未来を切り開いていくことを期待しており、より多くの人々にWeb3に関する知識を提供することが重要となる」と述べており、今後の業界の拡大に使命感を持って活動していることがわかる。

　もちろん、最終的にリテラシーを身につけたユーザーがBinanceを利用してくれることを少しは願っているだろう。そういった意味では、無償にてNFTも含めた学習コンテンツを提供し、自社のロイヤリティを高めるブランディング事例の一つであるといえよう。

82 国内初！NFT化された卒業証書を発行

プロジェクト名 VANTAN NFT卒業証書プロジェクト

【発売日】発売なし。2022年3月末に発行し、2022年度の卒業生へ売買譲渡不可のNFTとして配布

【関連URL】https://www.vantan.jp/

https://vantan.jp/information/press/detail.php?e_id=7570&year=2023

【プロジェクトオーナー】株式会社バンタン

【業種・業界】教育

概要 売買譲渡不可のNFTとして配布

　2022年3月、株式会社バンタンは運営する全てのスクールの卒業生に対して、NFT化された卒業証書を発行し、希望者に授与した。

　その背景には、コロナ禍により直接的なコミュニケーションが困難であったということもあり、離れて過ごす家族へ晴れて卒業できたことを共有できるようにといった願いが込められている。

　卒業証書は、パブリックチェーン（Polygon）にてNFT化されており、SBINFT株式会社により譲渡不可能なNFTとして作成・代理発行された。

各卒業生のデジタルウォレットにはこのNFTが存在し続けることとなる。

　また、証書のデザインは、バンタンの卒業生であり、EDWIN・PRONTO をはじめとする数々の企業やアーティストのアートワークを手掛ける岡田喜則氏によって手掛けられた。

　この取り組みは、「NFTを知るきっかけ」をもたらしているともいえる。NFTという言葉が使われなくなるくらい、NFTが自然と社会に溶け込むかどうかも、これから社会に出ていく、未来を支えていく人たちの影響が大きい。卒業証書という人生の一つの節目をデジタルデータで保存し、自身の足跡をパブリックチェーンにて証明した事例である。

83 千葉工業大学にて 学修歴証明書をNFT化

プロジェクト名 千葉工業大学の学修歴証明書をNFTで発行

【発売日】2022年8月（プロジェクト開始）
【関連URL】https://nft-media.net/education/cit-certificate/17821/
https://zenn.dev/sakazuki_xyz/articles/blockcerts-verifier
https://zenn.dev/sakazuki_xyz/articles/about-blockcerts
【プロジェクトオーナー】株式会社PitPa 代表取締役 石部達也　千葉工業大学変革センター
【業種・業界】教育、人材

概要 各国の大学で推進される学修歴証明書のNFT化

　2022年より千葉工業大学では、NFTでの学修歴証明書の発行を開始した。

　国境を超えた人材の流動性が高まるとされる現代において、学生の就職活動そのものも変化する可能性が

ある。そこで、大学での学修歴や学びの成果を国際規格に準拠したNFTで証明することで、今後のキャリアを後押ししようという狙いがある。

　このプロジェクトの特徴は、学生のプライバシーに配慮した形でNFTが設計されている点である。

　通常、ブロックチェーン上に情報を書き込む場合、情報の透明性は増す一方で全ての情報がオープンになってしまう。そこで、NFTだけでなく

W3Cが提唱する「VC（Verifiable Credentials)」と呼ばれる技術を掛け合わせることでこの問題を解決した。

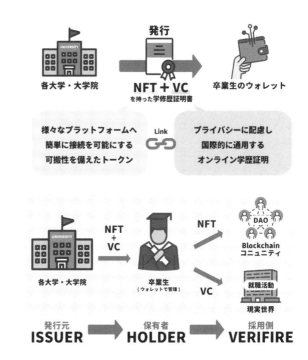

VCは情報の真正性をオンライン上で検証できる技術で、第三者は発行元に問い合わせる事務的・時間的コストを削減できる。また、VCはオフチェーン上のデータであるため、学生側は「誰に」「どの情報を」開示するかを選択することでプライバシーを守ることが可能だ。

つまり、成績や単位といった詳しい情報は雇用側が照会したい場合にのみ表示できるようにし、「大学名」や「卒業した年月」といったパブリックに公開しても構わない情報のみを画像などに記載し、譲渡不可能なNFT証明書として発行する形である。

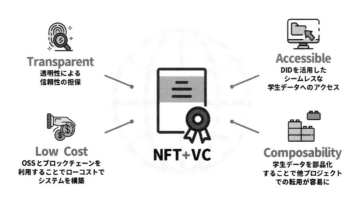

NFTを活用することのメリットとして、「MetaMask」などの暗号資産用のウォレットを活用すれば発行元の大学に依存しない形で学生が証明書を管理できる点が、まず一つ挙げられる。

　また、NFTは従来のブロックチェーン型の証明書に比べて媒体を超えて活用させやすいという特性をもつため、例えばNFTと連携可能な「Discord」や「Dework」といったオンラインツールに展開すれば、新しい証明の手段として機能したうえでのコミュニケーションを行うことができる。

web3.0時代の新しい就業機会の創出

学修歴証明書のNFT化に関しては、すでにMIT（マサチューセッツ工科大学）、ハーバード大学（アメリカ）、バーミンガム大学（イギリス）、バーレーン大学（バーレーン）、マルタ大学（マルタ共和国）、メルボルン大学（オーストラリア）などをはじめとする各国の大学で実際に推進されており、シンガポールに至っては、国家主導で大学の学位証書をブロックチェーン上で発行・管理する取り組み「OpenCerts」が行われている。

　今後、日本でも多くの学修歴証明書がNFT化される可能性を示唆してくれる事例である。

84 おじさんたちの NFT勉強会

プロジェクト名 **EDUCATION PASSPORT**

引用元：https://twitter.com/kamohappy/status/1583064353112461312

【発売日】2022年10月31日
【関連URL】YouTube講演家 鴨頭嘉人 公式HP：https://kamogashira.com/
【プロジェクトオーナー】
【業種・業界】教育

概要 **web3おじさん1万人育成計画**

EDUCATION PASSPORT は、YouTube講演家鴨頭嘉人氏が立ち上げたNFTプロジェクトだ。「web3を学び続けるためのパスポート」と銘打っており、2万枚のNFTが4時間で完売した。

鴨頭嘉人氏は、日本マクドナルド株式会社にアルバイトから入り店長に昇進。マクドナルド3,300店舗中、お客様満足度日本一・従業員満足度日本一・セールス伸び率日本一を獲得し最優秀店長として表彰される。その後も最優秀コンサルタント・米国プレジデントアワード・米国サークルオブエクセレンスと国内のみならず世界の全マクドナルド表彰を受けるなどの功績を残したYouTube総再生回数2億回以上のYouTube講演家だ。

今回のプロジェクトは株式会社Creator's NEXT代表取締役の窪田望氏

とのコラボレーションとなっている。

NFTのビジュアルはAIアートとなっており、手掛けた窪田望氏はNFT鳴門美術館、羽田イノベーションシティにて題名のないAI絵画展、大阪万博1000日前イベントATC OSAKA ART展、マイケルジャクソンMJWWT NFTのクリエイティブを担当するなど、AIアートの先駆者だ。

鴨頭氏自身が英語とテクノロジーに苦手意識を持っており、新しいものに対して距離をとるおじさんに自分自身がなってしまっていたことを反省して、それを「乗り越えよう！」と考え、思い切ってNFTの世界に飛び込んだという体験がプロジェクトのきっかけとなっているようだ。

鴨頭氏の感じた心理的な壁は、多くのNFT初心者が感じる課題だろう。そもそもNFTとは何なのか、なぜこんなに話題にのぼるのか、どうすれば手に入れられるのか、何を手に入れたらいいのか——このEDUCATION PASSPORTはまさにそういった人々のためのユーティリティ（NFT所有者への特典）が用意されている。

まさにweb3やNFTについてこれから学んでいきたい人にとって入り口となるようなプロジェクトである。

ロードマップには、NFTに取り組みたい人が学べる講座が定期的に用意されるとある。

内容は、NFTの売り方買い方講座などコレクターとしても、クリエイターとしても学べる講座となっているようだ。

また、SPECIAL GUESTとしてNFT界隈の著名人を呼ぶ企画もあるとのこと。

その他のユーティリティとしては、ホルダー限定のオフ会参加権、Discordへの参加権、新しいNFTコレクションの優先購入権（AL）等がある。Discordコミュニティは、2023年2月に公開される予定だ。

新しいNFTの優先購入権は、鴨頭氏は2023年4月にジェネラティブNFTコレクションを発売予定なので、EDUCATION PASSPORTのホル

ダーに優先購入権が配られる可能性が高いだろう。

　ちなみに、そもそもEDUCATION PASSPORTを手に入れる方法がわからない、というおじさん（とその他の方）のため、鴨頭嘉人と一緒に学ぶNFT超超初級講座『web3おじさん1万人育成計画』というFacebookコミュニティがある。

　ここでもNFTに関する買い方やNFTに関する情報が発信されており、運営側が本気でweb3おじさんを1万人つくろうとしているのがわかる。

　そのコミュニティの中でも、コミュニティメンバーやNFTホルダーが協力し合って情報発信や助け合いが始まっている。現在は2,697名（2023年1月29日現在）のNFTの保有者がおり、今後も増えていくことが予想される。教育コミュニティとしてNFTを活用した事例である。

引用元：https://twitter.com/kamohappy

人的資本に関わるNFT証明書を発行し、グローバル規模の人材環流エコシステムを形成

プロジェクト名 人的資本に関わるNFT証明書を発行

世界初！
186ヵ国・地域のグローバル人材を対象に

人的資本に関わる**証明書・指標**を**NFT**で発行

【発売日（プロジェクトスタート日）】2022年8月
【関連URL】https://nft-media.net/nft-production/nft-pitpa-fourthvalley/24752/
https://zenn.dev/sakazuki_xyz/articles/a983dc604416b0
【プロジェクトオーナー】株式会社PitPa 代表取締役 石部達也
フォースバレー・コンシェルジュ株式会社 【業種・業界】その他

概要 対象は186カ国・地域のグローバル人材

2022年12月より、株式会社PitPaと、フォースバレー・コンシェルジュ株式会社は186カ国・地域のグローバル人材を対象に職歴を中心とした人的資本に関わるNFT証明書の発行を開始した。

学歴や職歴、スキルなどを示した証明書をNFT化する最大のメリットは、個人情報の「透明性（誰が、いつ発行したデータか）」と「真正性（改ざんされていないデータか）」が担保されることで、企業側が信頼性の高いデータを元に人材評価を行うことができ、採用のミスマッチや早期離職を防げる点にある。

海外では日本よりも学歴・職歴詐称が多いといわれている。実際に、日本国内においても海外人材を対象とした「日本語能力試験」の合格証明書の偽造事件や、金銭的なやり取りやコネクションを通じて偽装証明書をブローカーから取得する事例が報告されている。

こうした背景から、「海外の優秀な人材を採用したいが、求職者をどう評価していいかわからない」「自社の働き方に合うかわからない」といった悩みを抱えた日本企業が多く存在している。

しかし、そこでNFTを活用することで、採用時における情報開示やリファレンスチェックのコストも削減できるほか、個人としても在籍期間中の実績や身につけたスキル等の情報を長期間に渡って蓄積でき、その後のキャリアアップにつなげることが可能だ。

昨今、少子高齢化による人手不足が深刻化し人材獲得競争が激化している日本においては、企業の競争力向上を目指すにあたってもグローバル人材の採用は避けて通れない問題である。

これらの付随的な効果として、企業は蓄積した個人のデータを元に人的資本の開示につなげることも可能である。2023年3月期より上場企業に対して人的資本情報の開示が段階的に適用される見込みであるが、すでに欧州や米国では人的資本への投資が積極的に行われており、企業の競争力を形成する最も大きな要素だとも語られている。

そうしたなかで、ブロックチェーン技術を活用した透明性の高いデータを開示することは、投資家目線だけではなく求職者としても企業を選ぶ際の指針になる可能性が大いにあるのではないだろうか。

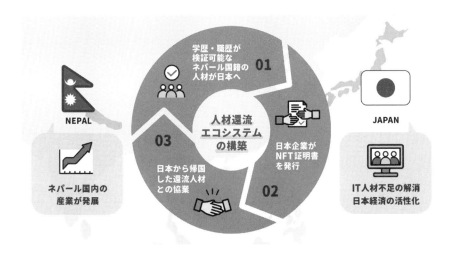

ブロックチェーン技術は、改ざんできないという特性によって「インターネット空間に時間軸をもたらしたこと」が功績であり、これまで点と点で存在していた情報を紡いでいくことで個人や日本企業のポテンシャル向上の可能性を感じさせる事例であるといえる。

第12章
その他

86 NFTを購入すると本物の盆栽が届く

プロジェクト名 BONSAI NFT CLUB

【発売日】2022年5月7日
【関連URL】https://opensea.io/ja/collection/bonsainftfarm
https://opensea.io/ja/collection/bonsainftclub
https://note.com/bonsai_nft_club/n/n5ae71e530a75
【プロジェクトオーナー】まじすけ株式会社 代表 間地悠輔
https://ja-jp.facebook.com/yusuke.maji.7/　https://twitter.com/majisukecorp
【業種・業界】その他

概要 アメリカとシンガポールにも本物の盆栽を郵送

　BONSAI NFT CLUBは、愛媛県の盆栽団体「赤石五葉松輸出振興組合」の、盆栽の海外販売を通して始まったNFTプロジェクトである。

　現在、国内では盆栽愛好家の減少や生産者の高齢化、跡継ぎ不足などの問題で、次世代への技術継承が難しい状況にある。にもかかわらず、海外の盆栽販売価格は日

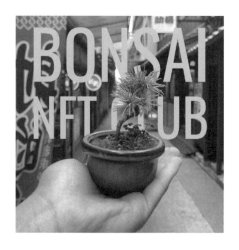

本に比べておよそ5〜10倍となっており、需要は高まる一方とのこと。しかしながら、日本の盆栽には、輸出の制限による手続きが煩雑であるなど、輸出が簡単にできない現状がある。

　このような状況を踏まえ、日本の盆栽産業にNFTを用いることで、国内を中心に新たな盆栽のユーザー層を増やし、盆栽産業を成長産業にしようという試みが本プロジェクトである。

　盆栽にまつわるメンバーシップ（会員証）NFTを100体限定で展開したところ、すぐに完売した。

　このメンバーシップNFTは購入特典として、実際に本物の盆栽が付いており、国内では北海道から九州まで、海外はアメリカとシンガポールに郵送された。

　さらには「BONSAI NFT CLUB」というコミュニティがDiscordに準備されており、そこに入会することができる。コミュニティでは「盆栽の育て方マニュアル」をはじめ、盆栽愛好家や盆栽プロから盆栽の育成について学ぶことができる。盆栽を受け取っても枯らしてしまうのではないか、というような心配もそこで解消できるようになっているのだ。

　NFTを通じて実際に盆栽を育てる楽しさや、盆栽の魅力に触れることができる、日本の素晴らしい芸術を広めるためにNFTが活用された事例である。

87 TikTokフォロワー数79万人超の有名IP "あおぱんだ"がNFTに挑戦

プロジェクト名 Aopanda Party (アオパンダパーティー)

【発売日】2022年10月30日
【関連URL】https://opensea.io/ja/collection/aopanda-party
https://www.tiktok.com/@aopanda_ao　https://twitter.com/APP_PANDAO
【プロジェクトオーナー】https://twitter.com/Devil_Kitties_
【業種・業界】その他

概要 子どもたちの毎日をHappyにできるキャラクターになるために

　Aopanda Party(アオパンダパーティー)というNFTプロジェクトを説明するために、その前段から説明しよう。

　Aopanda Partyのキャラクターである「あおぱんだ」は子どもたちの毎日をHappyにするキャラクターとして誕生した。親から伝えると説教のようになってしまいがちな「言葉の大切さ」や「ポジティブな考え方」などを、アニメーションに乗せて楽しく伝えようとするプロジェクトだ。

　そんなあおぱんだ、最初はLINEスタンプとして始まった。静止画とアニメーションのスタンプを合わせて8種類。カテゴリランキングで3位になるなど、その時から人気IPになりうるその片鱗を見せていた。

　その後、TikTokでアニメを投稿しているアカウントが少なく、また一つの動画の尺が短かったことに着目し、2019年に動画投稿を開始した。それが2023年の今では79万フォロワーを獲得する名実ともに人気IPとなったのである。

しかし、2022年、TikTokの壁にぶつかった。それは企業案件の動画の場合、再生数もいいねの数も極端に少なくなる。つまり、普段のあおぱんだではない動画がフォロワーには応援されないという現象だった。

運営側も、フォロワーの見たい動画ではないだろうということはわかっていた。しかし、あおぱんだを続けていくには、収益を得る必要があったのだ。そこで「キャラクターの成長」と「プロジェクトを続けていくための収益」が同じ方向を向く手立てはないかと探した結果、たどり着いたのがNFTプロジェクト化する、ということであった。

運営はNFTホルダーでDAOをつくろうと考えた。あおぱんだを所有してもらい、そのキャラクターの成長を一緒に応援してくれるDAOである。DAOであれば、あおぱんだが企業とのタイアップが決まると、NFTの価値が上がるので一緒に喜んでくれる。

こうしてジェネラティブNFTプロジェクトAopanda Partyは立ち上がった。DiscordにPANDAO（パンダオ）というDAOを開設し、当初は500人だったメンバーも、今は8,000人を超えるまでとなった。

Aopanda Partyの目的は仲間づくりであると運営メンバーは話している。あおぱんだは前述の通り、子どもたちの毎日をHappyにできるキャラクターを目指している。それを叶えるためには、もっと影響力を持つ必要がある。そのために、この想いに賛同する仲間を集めたのである。

現在、PANDAOの中では毎日自発的なコミュニケーションや新しいアイデアが提示され、分担してプロジェクトを進めている。

大きな目的のためにNFTを活用して仲間を集め、その仲間たちと共にゴールを目指すという、従来の企業や組織とはまた違う組織をつくった事例である。

88

日本初のNFTチケット
販売/購入プラットフォーム

プロジェクト名 **TicketMe** (チケミー)

【発売日】2022年9月　TicketMe（現TicketMe Event）
2022年12月　TicketMe Goods
【関連URL】https://corp.ticketme.jp/　https://twitter.com/TicketMe_Yeah
【プロジェクトオーナー】株式会社チケミー：https://corp.ticketme.jp/about
【業種・業界】イベント、チケット、NFTプラットフォーム

概要 **TicketMe Event と TicketMe Goods の2つのサービスを展開**

　TicketMeは株式会社チケミーが提供する、日本初のNFTチケットの販売プラットフォームである。　特徴の一つとして、NFTやブロックチェーンの知識がなくても誰でも簡単に利用できる点が挙げられる。NFTチケットの購入の際、NFTウォレットがない場合であってもクレジットカードを使用して日本円での購入が可能。また、チケット販売者も暗号通貨ではなく日本円での売上の受

け取りが可能となっている。

　チケミーでは現在、2つのサービスを展開している。イベント等のチケットを取り扱うTicketMe Eventと、実際の「物」と引換可能なNFTチケットを取り扱う、TicketMe Goodsである。

　TicketMe EventはNFT自体の特徴である改ざんやコピーができないことで人気イベントチケットなどで度々話題となる不正転売（いわゆる二次流通）やなりすましを防ぐことができる。加えて、販売元が正式に二次流通から利益を得ることも可能となる。

　TicketMe Goodsでは絵画、伝統工芸、お酒、雑貨、その他ギフトなどを取り扱うことが可能で、2022年12月には「超丸餅」という、お餅が実際に届くNFTチケットを販売し、2023年1月に行った、マグカップやアートボード等が手に入るNFT福袋では、販売開始からわずか30分で販売数の半数にあたる5ETH（約80万円）分が売れ、その後完売するなどの盛り上がりを見せた。

　また、これまでは絵画や伝統工芸品は、購入したらすぐに指定された場所に届いていたが、TicketMe Goodsを利用することで、物の所有権としてNFTチケットをプラットフォーム上で購入し、現物を受け取りたい時に受け取ることができる。

　その際、現物を受け取らずにNFTチケットのみで二次流通が起こることもあり、受け取りの確定をした方だけが現物を受け取れるという取引が実現できる。

　作品が二次流通によって、他の所有者の手に渡る際、二次流通手数料がつくり手に支払われる仕組みを、NFTを用いて仕組み化したのがこのビジネスのポイントである。

　今まで世の中で不正とされてきた行動を関係者それぞれに利益を享受することができる形に変えた。非常に理にかなっており、今後もこのようなNFTを用いた所有権の移転プラットフォームビジネスが増えてくるだろう。

89

環境保護につながる現物と
メタバースファッションブランド

プロジェクト名 **REDLIST**（レッドリスト）

引用元：REDLIST 公式サイト https://redli.st/

【関連URL】REDLIST公式サイト：https://redli.st/
【プロジェクトオーナー】株式会社フリックフィット：https://flicfit.com
【業種・業界】アパレル、環境保護

概要 **絶滅危惧種を増やさない・絶やさない環境づくりに貢献**

　REDLIST（レッドリスト）はファッションと環境保護、NFTとリアルが融合するプロジェクトだ。REDLISTとは、元々絶滅のおそれのある野生生物の種のリストのことを意味する。

　本プロジェクトは、その名前を冠し、絶滅の危機に瀕する動物たちが生息する地球環境の保全を目指している。

　本プロジェクトには3つのアクションプランが存在する。

・SNEAKERS BRAND…絶滅危惧種の動物からインスパイアされたスニーカーブランド

・REDLIST DIGITAL ART…現実世界とメタバースの両方の価値を持ったプロダクト

・REDLIST IMPACTS…ゴミ拾いファッショニスタを増やすプロジェクト

それぞれ解説すると、SNEAKERS BRANDは、絶滅危惧種（REDLIST）の動物からインスパイアされたデザインの現物のスニーカーで、購入すると現実世界とメタバースの双方でその価値が具現化されるスニーカーである。プロジェクトを通じて希少生物への理解とその保護を啓蒙するのが狙いだ。

現在、Sumatran Tiger Model（スマトラ タイガー）、Toki Model（朱鷺）、Starry Night Toad Model（フキヤガマ）の現物のスニーカーが公開されている。

本書執筆時点で購入はできないが、販売開始後、スニーカーを購入すると売上の一部が環境保護活動へ寄付される予定である。

「現実世界とメタバースの双方でその価値を具現化」について詳細は公開されていないため、憶測となるが、現物のスニーカーと同じデザインのNFTスニーカーが手に入るかもしれないし、プロジェクトからの言葉を借りて言えば「現実世界とメタバースの双方でその価値が具現化する」全く予想しない何かとなるかもしれない（アバターアイテム等）。今後の発表に期待がかかる。

REDLIST DIGITAL ARTは、1口5,000円の寄付をすることで手に入れることができる。

全額が環境保護活動へ寄付され、寄付者には世界に1つだけのREDLIST DIGITAL ART（NFT）が贈呈される。

絶滅危惧種インスパイアデザインのスニーカーがデザインされたNFTになっている。

イベントに参加するとイベント参加証として手に入るNFTもあるようだ。

REDLIST IMPACTSは、ファッション、アート、ミュージック、テクノロジー、ビジネス等の軸で、「ジブンゴト」として環境のために行動する「ゴミ拾いファッショニスタ」を増やすことで、絶滅危惧種を増やさない・絶滅危惧種の命を絶やさない環境づくりへの貢献とその啓蒙を目的と

している。

　プレイベントとして2022年12月19〜20日　REDLISTに共感したインフルエンサーやアーティストが参加し佐渡ヶ島の海岸のゴミ拾いを実施した。

　その後、第1弾として2023年1月28日、ファッションの中心地である東京都渋谷区でゴミ拾い活動を実施した。イベント参加者には、数量限定のREDLISTオリジナルスニーカーやデジタルアート参加証がプレゼントされた。

　REDLISTは、ファッショニスタが良いと思う、満足するアイテムやアクションが実はそのまま慈善活動につながっている、という興味の入口をずらしたアプローチとなっている。

　結果としてそういった活動自体がクールだ、という文化をつくろうとしていることが感じられる。

引用元：REDLIST公式サイト https://redli.st/

90 NFTの販売とDAOコミュニティによる新興国の支援

プロジェクト名 Savanna Kidz NFT

【発売日】先行販売：2022年2月　一般販売：2022年5月
【関連URL】
https://open-town.notion.site/Savanna-Kidz-NFT-bd57d35a109649d68f4432931544512d
https://twitter.com/savannakidz
【プロジェクトオーナー】株式会社奇兵隊：https://kiheitai.co.jp/ja/company-info-jp/
KiHeiTai Estonia　【業種・業界】その他

概要 NFTの売上を活用してまちづくりを推進

Savanna Kidz NFTは、株式会社奇兵隊の子会社であるエストニア法人のKiHeiTai Estoniaによるオープンタウンプロジェクトの第一弾として販売されたNFTだ。

オープンタウンプロジェクトとは、コレクティブNFTを販売し、購入者によるDAOコミュニティと、現地住民による市民団体の力を合わせ、NFTの売上を活用しながら新興国の人々の生活を充実させるためにまちづくりを推進するプロジェクトのことである。

Savanna Kidz NFTは、ウガンダ共和国のカルング村で暮らす子どもたちをモデルにしたNFTアート作品である。

カルング村は人口1,300人程の村で、住民の9割が農業で生計を立てているという。村には、電気や水道といったインフラが整備されておらず、村人は6km離れた川の水を汲みに行って生活をしている。その他にも医療や教育などの面で多くの課題を抱えている。

このNFTを購入することで、カルング村の支援を行うことができる。NFTはコミュニティの参加証となり、同時に投票権の役割も果たしている。NFTホルダーは、村で発案、承認された複数の開発プランに対して、保有するSavanna Kidz NFT1つにつき1票を投じることができる。投票の結果選ばれたプランの実行のために、現地で活動するNGOを通じてNFTの売上が送金される仕組みだ。

257

また、現地住民の意見を反映し、透明性の高い民主主義を実現するために村の代表者にもNFTが付与されている。男性や女性、年配や若者などで偏りのない意見が反映されるように、村の議会、

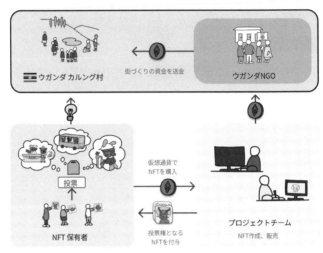

引用元：https://open-town.notion.site/Savanna-Kidz-NFT-
bd57d35a109649d68f4432931544512d

村のグループ、学校などから男女9名ずつ合計18名にNFTが付与された。

彼らの村で投票を別途行い、その結果をホルダーのコミュニティ内で共有する。最終的に、運営が村の票数とコミュニティの標数の総和を発表し、施策が決定する仕組みだ。

実際に2022年2月の先行販売では109個のNFTがミントされ、最初の投票が行われた結果、村に貯水タンクを設置することが決定し、実際につくられた。

本事例では、世界中からNFTの購入を通して新興国の恵まれない人々への支援に参加することができるようになったという点が大きな特徴だ。

金銭を送ることにとどまらず、投票に参加することができ、NFTによって記録される新しい寄付の形といえるだろう。いわゆる関係人口の増加につながる事例といえる。

引用元：https://open-town.notion.site/
32a62297f30b4f4a9993e206f72d2f67

91 ドイツの高級自動車メーカーによる 3DアートNFT

プロジェクト名 **Porsche NFT**

【発売日】2023年1月
【関連URL】https://nft.porsche.com/
【プロジェクトオーナー】Porsche　WEB：https://newsroom.porsche.com/en/company.html
SNS：https://twitter.com/eth_porsche
【業種・業界】その他

概要 ユーザーたちから「高額すぎる」という声が相次ぎ…

『Porsche NFT』は、ドイツの高級自動車メーカー「Porsche」（以下、ポルシェ）のNFTプロジェクトである。2022年11月29日に、同社が今後Web3やバーチャル世界に参入することが発表され、その取り組みの第1弾として、ポルシェ911という車種をベースにしたNFT作品が製作された。

デザインは、ドイツのハンブルクを拠点に活動している3Dアーティスト、パトリック・ヴォーゲル氏が担当。発行数は7,500枚となっている。

以下の3つのテーマでデザインされたポルシェ911のNFTが発行された。

① 「The Performance」（レースからインスパイアを受けた作品）
② 「Heritage」（ポルシェの歴史が象徴されたデザインの作品）

12
その他

259

③「Lifestyle」（華やかな世界を表現した作品）

　本作の特徴は、購入後にホルダーが、「形やデザインを好みに合わせてカスタマイズできる」という点であり、公式サイトではカスタマイズのバリエーションは150,000通り以上とされている。

　他にも、限定discordコミュニティや、グッズ・イベントなどのリアル体験が特典として用意され、ユーザーたちの反応は良好で、かなり期待値が高いプロジェクトであった。
　しかし、実際にリリースされ、販売価格が0.911ETH（発売当時約19万円）と判明すると、ユーザーたちから「高額すぎる」という声が相次いだ。
　その結果、7,500枚発行された本作は、2,000枚程度しか購入されておらず、（2023年1月時点）OpenSeaでのフロア価格は一時的に販売価格を下回る事態となった。
　また、販売価格が高額すぎることだけでなく、限定discordコミュニティは運営からの一方的な情報発信のみでホルダーが円滑なコミュニケーションを取れないとの批判の声も上がった。それを受けてポルシェは、2023年1月24日に現在売れていない物については、販売を取り下げると発表した。
　しかし、皮肉なことにこの発表後、発行数が2,363枚にとどまることにより希少性が高まることとなった結果、フロア価格が高騰する事態に発展し、26日には当初の販売価格である0.911ETHの約3.6倍の3.3ETH（当時約67万円）にまで上った。

　世界的に有名な企業だとしても、Web3、NFTのプロジェクトとなると知見が浅く、ブランドネームだけでは乗り越えられないこともあるのだ、ということが感じられる事例である。
　その原因の一つが、NFTプロジェクトにおけるブランドとユーザーの距離感にあるのではないか。ユーザーが今、今までで最もポルシェに近づいているからこそ起きた事態かもしれない。

NFTがカギになる Web3スマートロックシステム

プロジェクト名 wΞlock（ウィーロック）

引用元：https://eap.w3lock.io/

【発売日】2022年8月10日
【関連URL】https://eap.w3lock.io/　https://twitter.com/w3lock
https://prtimes.jp/main/html/rd/p/000000001.000087008.html
【プロジェクトオーナー】a42株式会社：https://a42.co.jp/
【業種・業界】その他

概要 **NFTによる認証・認可機能**

a42株式会社（エーヨンジュウニ）は、NFTがカギになるWeb3スマートロックシステム「wΞlock」（ウィーロック）を開発した。

引用元：https://twitter.com/hm0429

wΞlockは、Web3ウォレットによるユーザ認証と、ブロックチェーン上のNFT所有権を確認することで、特定のNFT所有者にのみスマートロックの操作を許可するサービスである。

w三lockにより、NFT所有者のみが入場できるイベント会場や宿泊施設・コワーキングスペース等、NFTをチケットや会員証として活用する際に、ユーザの認証および入退場を自動化することができるようになる。

　w三lockにはNFTによる認証・認可の機能がある。具体的には、利用者が特定のNFTを所有していることを確認し、鍵を開けるなどの物理的操作を許可する仕組みだ。

　利用するために新たにNFTを発行する必要はなく、ブロック

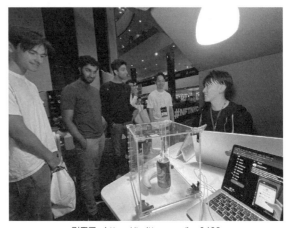

引用元：https://twitter.com/hm0429

チェーンへのトランザクションも発生しないため、スマートロック操作時にガス代等のコストが発生しないのが特徴である。

　複数個のNFTによる認証・認可にも対応しており、NFTを複数選択、またはNFT自体のコントラクトアドレスを指定し、該当するNFTを持っている相手に対して操作を許可することも可能だ。

　さらには、ENS（ウォレットアドレスに対して名称を紐付けるサービス）や、ウォレットアドレスによる認証をすることでNFTによる認証をスキップし、指定のウォレット所有者に操作を許可することも可能だ。

　カスタム機能として、その他スマートコントラクトにも対応させることができるためジャンルを問わず幅広い操作に対応している。既にイベント会場などでは利用実績があり、今後、さらに企業のオフィスやイベント会場、宿泊施設、コワーキングスペース等、会員や特定の人のみの入室を許可するような場所に活用されていくのではないだろうか。

　なお、w三lockに使用されているWeb3ウォレットを使った認証技術、およびNFTをはじめとしたスマートコントラクトで機器の利用を認可する技術は特許を取得済み（特許登録番号6894160）である。

93 歴史的瞬間を NFTに

プロジェクト名 Vault by CNN

【発売日】2021年6月（2022年10月に撤退発表済）
【関連URL】VAULT by CNN：https://vault.cnn.com/
CNN Press Room「CNN、『歴史の瞬間』をNFTで購入可能に」
https://cnnpressroom.blogs.cnn.com/2021/06/16/cnn-makes-moments-from-history-available-for-purchase-with-nfts/
Vault by CNN Twitter　事業撤退アナウンス：https://twitter.com/vaultbycnn/status/15795626 28493774851?s=20&t=8y6zNKs1-ogrvtpAyupgJQ
【プロジェクトオーナー】CNN：https://us.cnn.com/　【業種・業界】その他、ニュース、歴史

概要 ロードマップ構想を公式サイトで公開していたが…

テッド・ターナー氏によって創立され、1980年6月1日に開局したニュース専門チャンネルCNN（アメリカ合衆国）によるプロジェクト。2021年6月、同局は41年にわたるCNNの歴史の中から様々な歴史的瞬間を切り取ったNFTコレクション「Vault by CNN」をスタートさせた。

世界史、大統領選挙、世界を変えた写真など、特定のテーマを中心に編成された重要な場面をNFT化して販売するというのが本プロジェクトの趣旨である。

「スペースシャトル初号機打ち上げ」「CNNによるオバマ大統領の再選予想」「ネルソン・マンデラ氏の釈放」などの歴史的瞬間を切

VAULT by CNN サイト
https://vault.cnn.com/drops

ネルソン・マンデラ氏 釈放の報道の詳細ページ
https://vault.cnn.com/drops/30905

り取ったNFTは250個販売され、完売しているNFTも見受けられる一方、落札者なしのプロジェクトも散見される。

　購入希望者はデジタルウォレット「Blocto」にアカウントを作成し、決済サービスStripe（ストライプ）を経由してNFTを購入する。今回は、クレジットカード決済が可能なため、NFT購入に際して暗号通貨を購入する必要がなく、ユーザーにとって購入しやすくされていたのも特徴だった。

　他の事例でもそうだが、まだまだ暗号通貨でNFTを購入するというハードルが高いということをわかって販売手法を調整している。

　NFT購入者は「コレクション目的でデジタルコピーを所有」し、自分のNFT（ここではモーメントと呼ばれる）をCNNのウェブサイトのユーザーページに表示できる仕組みとなっている。

　しかし、開始から1年4カ月後の2022年10月11日、CNNは同事業から撤退することを発表した。理由は明らかにされていない。声明の中で、実験としてスタートしたと述べ、CNNの中核にある「革新と実験の精神」について触れながら、「Web3への最初の進出から多くのことを学び、今後のプロジェクトに活かしていきたい」と言及している。

　今後、コミュニティやプロジェクトの拡大などは行わないが、Vault自体は維持し、NFT売買も引き続き可能。また購入者への補償として、発行価格の2割を返金した。しかし、2022年第4四半期（10〜12月）や2023年まで及ぶロードマップ構想を公式サイトで公開していたことなどもあり、Discordコミュニティ内では「CNNは、なぜ（返金額として）2割が妥当だと考えているのか、理由を教えてくれ。それをしないということは、『ラグプル（出口詐欺）』なのではないか」という非難の声もあがっている。

　今後どのように対応していくのか、大手のNFTの撤退事案として一つの事例になりうるものだと思う。

CNNTwitterに掲載された撤退声明
https://twitter.com/vaultbycnn/status/15
79562628493774851?s=20&t=w70jjRE7
2KTjlRtFetn3yQ

94 放置系農場ゲームで報酬が得られる
分散型金融サービス

プロジェクト名 **AstarFarm** （アスターファーム）

引用元：AstarFarm 公式サイト　https://astarfarm.com/

【発売日】2022 年 7 月（一般開放日）
【関連 URL】Astar Farm 公式サイト：https://astarfarm.com/
【プロジェクトオーナー】AstarGames 株式会社：https://cryptogames.co.jp
【業種・業界】その他、ゲーム、金融

12
その他

概要 カルビーとのコラボで大型キャンペーンなども実施

　Astar Farm は、分散型金融にゲーム要素を組み合わせたサービスである。農業ゲーム感覚でステーキング（暗号資産を貸し出す）を行い、預入期間に応じた報酬を受け取ることができる。

　様々な企業や IP とのコラボレーションも予定されており、2022 年 7 月には既にカルビー株式会社とのコラボで、10,000 枚の記念 NFT プレゼントの大型キャンペーンを行っている。

　他にも Astar Farm 上でジャガイモが獲れた人に抽選で NFT とカルビーの限定ポテトチップスの実物をプレゼントという、ゲームの内容と連動したプレゼント企画も実施された。

　まだ NFT を持っていない一般層に、なじみのある IP を使い NFT に接触させた事例といえる。

　この仕組みは「Decentralized Finance」の略で DeFi（ディーファイ）と

も呼ばれる。

　特徴として、中央集権的な管理者が存在しない、または影響が非常に小さい金融システムが自動的・自律的に運用されるようにできているため手数料や工数、時間などのコストが抑えられ、代わりにステーキングしたユーザーへの高い報酬が設定されている。

　ゲーム要素は報酬のランダム性や報酬が野菜という農場ゲームの形で組み込まれている。

　使い方は、まずは暗号資産（Astar）をゲーム内で預ける。次に預入期間と金額を選ぶ（畑に種を植える）。すると、野菜が育ち始める。預入期間が満了すると野菜が収穫できるので、それを販売して報酬（Astar）を得ることができる。

　預け入れ期間や金額により出来上がる野菜の種類や収穫量は変わる。さらに期間が長いほど値段の高い野菜が出来やすい、という仕組みだ。

　ゲーム要素として、豊作で通常よりも多くの野菜が収穫できることもあるが、その半面野菜が虫に食べられてしまい収穫ができない（報酬が得られない）こともある。

　これは、預け入れた元金が増減するわけではなく、預入利息部分、つまりリターンの値に変動があるということだ。

　ちなみに、虫に食べられると野菜（報酬）を得ることはできないが、別途ベジポイントというゲーム内ポイントが獲得できる。

　このベジポイントは、野菜がうまく収穫できない時だけではなく、Astarにて購入したNFTを飾ることでも獲得できる。ベジポイントはNFTの進化に使用できる。進化後の機能などはまだ不明なようだ。ベジポイントを使ったガチャなども予定されている。

　APR（年換算利回り）とAPY（年換算利率）は公式サイト上で2023年1月現在一番低いもので預入期間：21日　APR0-174%　APY11.3%となっている。（変動するため、平均）

　預け入れて野菜を収穫する際、暗号資産の価格変動やガス代等があるた

め注意が必要だ。

　ゲームといっても期日が来るまでほぼ放置でよい。つまりはステーキングにゲーム性をもたせ、取り組みやすく、親しみやすくしたと考えるほうがしっくりくるだろう。

　ちなみに取り組む際はよく調べて自己責任でアクションを起こすことをおすすめする。

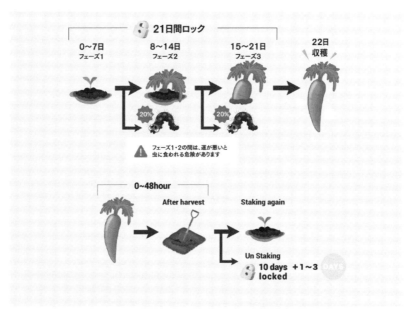

引用元：https://astarfarm.com/

95 初登場から12年。「電撮カード」がNFTで復活

プロジェクト名 LINE NFT 名古屋鉄道「電撮カードNFT」

©Nagoya Railroad Co.,Ltd.

【発売日】2022年12月19日
【関連URL】https://nft.line.me/store/brand/75　https://www.cdg.co.jp/news/2502/
https://www.meitetsu.co.jp/profile/news/2022/__icsFiles/afieldfile/2022/12/12/
meitetsuNFT.pdf
【プロジェクトオーナー】株式会社CDG
WEB：http://www.cdg.co.jp　SNS：https://twitter.com/NFTshow_case
【業種・業界】その他、販促、マーケティング

概要 メインカードは『LINE NFT』の「プロフィールNFT」機能に対応

　2010年から2016年まで名古屋鉄道のフリーきっぷの販促品として配布されていた「電撮カード」が、初登場から10年以上の時を経てNFTとして復活した。

　電撮カードは過去全19シリーズが配布され、現役車両や過去の引退車両など、通常では撮影できないアングルからの貴重な写真が使用されたことで人気を博したカードだ。対象の駅窓口にて、フリーきっぷを提示した人に記念としてプレゼントされていた。

　そんな電撮カードがNFTでよみがえり、メインカードとおまけカードの2枚セットで販売された。

さらにフリーきっぷの販促品として配布されていた際、カードを4枚集めると裏側が1枚の写真になるという仕掛けがあったため、NFTにおいてもその仕掛けを踏襲しておまけカード全4種を2023年2月1日の15時〜18時の間に「LINE BITMAX Wallet」にて保有していた全員に、スペシャルNFTをプレゼントするキャンペーンも実施された。

　過去に配布されていたグッズがデジタル化して再度販売されたことに喜ぶ鉄道ファンも多いのではないだろうか。

　特徴的なのは、前述の通り、現実に配布されていた際の仕掛けをNFTでも再現しているところにある。当時現物を集めていたファンにとっては、NFTの購入がきっかけでその時の事を思い起こす人もいたであろう。このように現実の体験を呼び起こすNFTの使い方をした事例でもある。

　また、メインカードは『LINE NFT』の「プロフィールNFT」機能に対応し、ホルダーはお気に入りのNFTをLINEのプロフィールアイコンに設定することが可能だ。

「プロフィールNFT」機能とは、2022年7月よりベータ版として開始されたLINE NFTの新機能である。ベータ版では保有しているNFTを、国内約9,400万人が利用する「LINE」アプリのプロフィールアイコン及びLINE NFT上のマイページに設定ができる。

　2022年12月に提供を開始した正式「プロフィールNFT」機能では、ベータ版の機能に加え所有しているNFTをLINEのプロフィールアイコンに設定すると、プロフィールアイコンに"NFT"と記載された特別バッジが表示される。

　ファンがNFTを購入し、集めたコレクションをLINE上のプロフィールアイコンにできるようにとLINE NFTを販売プラットフォームに選定したことも、ファンの心をくすぐる優れたNFTの活用事例といえるだろう。

プロジェクト名 **Monuverse**

引用元：Monuverse

引用元：Monuverse

【発売日】第一弾：2022年11月11日
【関連URL】https://www.monuverse.xyz/
https://opensea.io/collection/monuverse-episode-i
【プロジェクトオーナー】Monuverse：https://www.monuverse.xyz/
Ouchhh Studio：https://ouchhh.tv/
【業種・業界】文化遺産、観光

概要 360度確認できる3DアートとしてNFTをデザイン

　Monuverse（モニュバース）とは、NFTの技術を活用して、世界の重要なモニュメント（記念建造物）をデジタル上に保存するというプロジェクトである。将来的に発表する作品も含めた総点数7,777点の本NFTのホルダーには、今後開催予定の関連イベントへの参加権やMonuverseの運営

方針に関する投票権が付与される。

NFTの販売によって得た収益の一部は、モニュメントのある地域の保護機関へ提供され、文化財の保護や修繕の費用に充てられる。好みの文化財をNFTとして保有できるだけでなく、世界中の遺跡や建造物の維持、修復を加速させられるため、文化遺産を愛する人にとって非常に意義のあるプロジェクトといえるだろう。

2022年11月11日に第一弾のNFTとなる「Episode I：Arch of Peace」が0.11ETH（当時約2万円）で1,111点販売された。イタリアのミラノにある壮大な平和のアーチ「平和の門」がテーマとなっている。

ライトアップされ神秘的に映える平和の門のデジタルアートだ。リリースから2カ月した2023年1月時点でも毎月20件以上の取引が行われており、注目を集めている作品といえるだろう。

NFTのデザインは、メディアアートスタジオの「Ouchhh Studio（アウチスタジオ）」が手掛けている。Ouchhh Studioは「ミステリアスなものこそ最も美しい」というコンセプトのもと、360度確認できる3Dアートとして本NFTをデザインし、VR体験も可能な没入型アートとしてつくり上げた。Monuverseの公式ホームページにて、VRを活用したNFT作品の鑑賞が可能である。

NFTの購入によって、文化遺産を保有する喜びを味わえるうえに、文化遺産の保護にもつながる事例である。

Monuverseの共同創業者であるアンドレア・サロモーネ氏は「Monuverseの NFTを所有することは、革新的な方法で遺産を保護することに貢献している」と説明しており、本プロジェクトが文化遺産保護の新たな手段となることへ期待ができる。

また、本プロジェクトは「バーチャルツーリズム（バーチャル上の観光）の推進にもつながる」と同氏は指摘している。NFTホルダーはバーチャルの世界で遠方の文化遺産への愛着が深まり、将来的に実際にその場所を訪れる、というNFTをきっかけとした今までになかった世界遺産への関わり方が今後増えていくのではないだろうか。

プロジェクト名 **The InterContinental Hotels & Resorts x Claire Luxton**

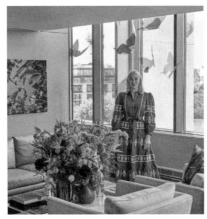

引用元：https://intercontinental.claireluxtonnft.com/#gallery

【発売日】2022年11月23日
【関連URL】https://intercontinental.claireluxtonnft.com/#gallery
【プロジェクトオーナー】インターコンチネンタルホテルズ＆リゾーツ
https://www.ihg.com/intercontinental/hotels/jp/ja/reservation
【業種・業界】その他

概要 **クレア・ラクストン氏とのコラボレーション作品を販売**

　世界最高級のホテルブランドの一つである「インターコンチネンタルホテルズ＆リゾーツ（IHG)」は2022年11月に初のNFTコレクションを発売した。

　販売されたNFTは、イギリスの現代アーティストであるクレア・ラクストン氏とのコラボレーション作品であり、全10種類だ。

　このNFTは、インターコンチネンタルブランドの歴史的な遺産を表現した作品であり、ラクストン氏の作品の特徴である自然の動植物を用いて、世界旅行の美しさを表現している。

歴史的なものの代表例として、ブラジルのベレンにあるインターコンチネンタルホテルの第一号を表現した青と黄色のコンゴウインコや、バラクラバ湾にあるインターコンチネンタル・モーリシャスを象徴するパンサーカメレオンなどをモチーフにしたアニメーション作品が製作されている。

　また、NFTコレクションの作品はwebサイト上のバーチャルNFTギャラリーで展示されており、誰でも鑑賞することが可能だ。

　NFTの販売はIHGの会員プログラムであるIHGワンリワードのオークションプラットフォーム上で行われた。販売形式は、ホテルの利用等で付与されるポイントで入札できるオークション形式が採用された。

　落札者には、ラクストン氏によるNFTアートの所有権に加えて、2023年にオープンするインターコンチネンタル・ローマ・アンバシアトリ・パレスの宿泊権、IHGの有料会員プログラムへの1年間のステータスアップなども付与されたという。

　最大の特徴は、ホテルの会員に向けて、コミュニティ内のポイントを使用したオークションでNFTを販売した点である。つまり最初から自社の会員の満足度向上のために、ポイントを使ってNFTを購入してもらうという今までなかった会員とのタッチポイントをつくり、NFTを保有してもらおうと考えたのだろう。

　さらにユーティリティとしてのホテルの宿泊券をつけることによって、デジタルな体験のみならずリアルな体験をも促している。

　世界規模のホテルグループも、新たな体験価値の創出の方法としてNFTの活用方法を模索していることがうかがえる。

プロジェクト名 **Collect Trump Cards** (コレクト・トランプ・カード)

引用元：https://collecttrumpcards.com/

【発売日】2022年12月16日
【関連URL】https://collecttrumpcards.com/　https://twitter.com/CollectTrump
【プロジェクトオーナー】ドナルド・トランプ　NFT International, LLC
【業種・業界】その他

概要 45,000枚のNFTを99ドルで販売し、12時間で完売

　アメリカの元大統領であり実業家のドナルド・トランプ氏の公式デジタ
ルトレーディングカードのNFTコレクション「Collect Trump Cards（コ
レクト・トランプ・カード）」が展開された事例。

「Collect Trump Cards（コレクト・トランプ・カード）」は、トランプ氏がスー
パーヒーローの格好をしたものや、レーサーの格好をしたもの、星条旗の
前に立つ姿などあらゆるパターンのトランプ氏のイラストでデザインされ
たトレーディングカードである。

　各NFTは最大20枚まで発行され、合計45,000枚のNFTがそれぞれ99
ドルで販売された。

2022年12月16日の発売から12時間で完売し、その後も最高価格で二次流通が起こるなど、人気を博している。

　ユーティリティには豪華賞品があたる抽選への参加権があり、賞品には、トランプ氏とのディナー権や、ゴルフを一緒に回る権利、Zoomでの面会権、サイン入り写真などがラインナップされている。
　また、45枚のデジタルトレーディングカードを購入することで、トランプ氏とのディナーへの参加権の付与が確約された。

　公式サイトでは、野球やバスケットボールの選手のトレーディングカードのように、個人が収集や交換を楽しむための、デジタルなトレーディングカードであると表現されている。
　また、実際にNFTコレクションには様々なデザインが存在し、それぞれにレアリティが設定されている。
　しかし、トランプ氏はこのNFTを通して、自らの支持者に新たなつながりを提供しようと考えたのだろうか。政治家と支持者という関係を超えて、より身近で、運が良ければ直接会うことができるような存在を目指したのだろうか。ぜひ本人に真意を問いたい事例である。

プロジェクト名 META HISTORY: Museum of War

引用元：https://collecttrumpcards.com/

【発売日】2022年3月30日
【関連URL】https://metahistory.gallery/　https://twitter.com/Meta_History_UA
https://www.instagram.com/meta_history_ua/
【プロジェクトオーナー】ウクライナ デジタル変革省
WEB：https://thedigital.gov.ua/　SNS：https://twitter.com/mintsyfra
【業種・業界】その他

概要 ツイートをイラストレーションで表現したNFTアートとして販売

『META HISTORY: Museum of War』は、ウクライナ政府が、ロシア
からの侵攻に関する出来事を保存し、破壊された街の再建をするための資
金調達を目的として開設したNFT博物館である。

2022年2月24日に始まったウクライナ侵攻について、メディアや政治
家などが投稿したツイートをイラストレーションで表現したNFTアート
として販売を行っている。

NFTアートの制作には、ウクライナだけでなく、世界中のアーティス
トが参加している。

調達した資金は、戦後のウクライナの経済再建に役立てることを主な目的としており、収益の一部は、ウクライナの軍隊と民間人の支援に利用される。

　NFTアートは、「戦争の記録」を題材として制作されており、3月30日にリリースした第一弾は、99種類のNFTが2,178枚出品され、0.15ETH（発売当時約6万円）で販売された。

　公式発表によると、初日の売上は1,282枚で、調達した暗号資産は、190ETH（発売当時約7,600万円）に達したとのこと。これらの資金は、戦争で破壊された美術館や劇場などの施設再建に用いられる予定だ。

　博物館は公式Instagramにて、「誰でも見ることができ、なおかつ改ざんすることができない不滅の状態で事実を記録し続けるには、NFTは完璧なソリューションといえるだろう」と述べている。

　本事例は、国家がNFTを活用した珍しい事例である。

　NFTは、国家の政策にも活用できるということだ。歴史的な出来事の記録を博物館という形で残しながら、自国の支援金をNFTアートの販売を通して集めるという本事例は、歴史に残るNFTの活用事例ではないだろうか。ただし、個人的にはこの支援金は公約通りに施設再建にのみ使われること、そして一刻も早く終戦することを願っている。

プロジェクト名 NFT Media「編集長NFT」

【発売日】2022年1月発行
【関連URL】https://nft-media.net/other/yakusyoku-nft
https://nft-media.net/technology/nftmedia-pressrelease
https://nft-media.net/column/yakusyokunft
【プロジェクトオーナー】NFT Media：https://nft-media.net/
【業種・業界】その他

概要 歴代ホルダーに対して、売上の1%の報酬を分配

　弊社の運営メディアであるNFT Mediaでの事例である。これは「役職そのもの」をNFT化して、歴代の役職者を記録できるようにしたプロジェクトだ。発行枚数は1枚で、「編集長」の肩書をNFTにした。

　どのようなユーティリティがあるのかというと歴代ホルダーに対して、NFT Mediaの売上の1%の報酬を分配する、この1%をブロックチェーンに刻まれている歴代の役職NFT保有者で分け合う、というものであった。しかし、NFTが何らかの経済的利益を得られるような仕組みを有する場合は、金融商品取引法上の有価証券に該当する可能性があり、現在は役職を紐づけるにとどまり、ルールの再検討を行っている。

　考案された当初、この役職のNFT化には5つの狙いがあった。

1. ミッション「世界をつなぎ、可能性を最大化する」の体現

メディアをスタートした時「NFTを使えば頑張ったことがより報われやすくなる」という想いがあった。例えばとあるアーティストの作品が購入され、その作品が購入者からさらに売却されたとき、その売却によって得たお金はアーティストには入らず、購入者にのみ入っていた。しかしNFTを活用すれば、購入者からの販売（二次流通）において発生した金額も、一部アーティストが受け取ることができる。だからNFTには可能性があるのだと考えたのだ。役職NFTでも、役職を通じて同じことを伝えようとしたのである。

2. 役職をNFTにして歴史に残すという面白さ

　シンプルに面白いと思ったのである。第十三代NFT Media編集長、などという肩書ができるだけでもワクワクする。

3. NFTを自社で発行する楽しさ

　弊社は当時、自社でNFTの発行経験がなかった。そのため、これを機に発行してみよう、ということになった。ウォレットの管理はどうするのか、シードフレーズは誰が持つのか、など、個人の時の管理とは違うという気付きも得られた。

4. 役職者の仕事への取り組みに対するモチベーションアップ

　編集長がつくったチームが成長し、メディアも成長すれば、退職後も恩恵を受けることとなるため、より真剣に事業に向き合う、と考えた。メディアの永続的な成長と個人のモチベーションは同じ方向を向いた方がいいと考えたからである。

5. 役職者の退職後のチームへの貢献

　退職した後も、チームやメディアをより気にかけてもらうには、古巣であるNFT Mediaを応援し続けてもらうためである。

　以上である。同時に、このためにチームで議論を繰り返せたことも、役

職をNFTにした大きな収穫の一つだった。

　また、もう一つの特徴として、NFTクリエイターに協力をしてもらったことだ。今回の役職NFTのデザインについては、11名のクリエイターと1名のディレクターによってつくられたのだ。

全体ディレクター　Kd_create：https://kagawadesign.net
制作文字：N　Hibiki：https://twitter.com/HibikiNFT
制作文字：F　Civa-NFT：https://twitter.com/CivaNft
制作文字：T　Lily-K（黒田莉々）：https://twitter.com/NFT_Artworld
制作文字：M　KASHU：https://twitter.com/KashuRockSpiral
制作文字：e　ゆづパン：https://linktr.ee/p.unicorn
制作文字：d　CUCHALA：https://mobile.twitter.com/CUCHALA_NFT
制作文字：i　nekoko：https://twitter.com/nekoko_d
制作文字：a　RYO3GATA：https://twitter.com/Ryo_suk_3
制作文字：編　吉川めいろ：https://twitter.com/MeiroJP
制作文字：集　KTRK：https://twitter.com/KTRK
制作文字：長　tashimaya：https://twitter.com/ArtSumica

　このように多くのクリエイターの方がこの取り組みに賛同しNFTの制作を行ってくれた。
　NFTの可能性、役職NFTの面白さを感じてくれたことに改めてお礼を伝えたいと思う。
　今後も引き続き議論を続け、最適な役職NFTの運用を目指していく予定である。

終章
NFTビジネスのヒント

X to Earnで新しい生き方？

　こちらもビジネスのヒントになれば幸いである。

　X to Eranとは日本語訳すると「なにか（＝X）しながら稼ぐ」という意味だ。こういったNFTを用いたサービスが現在増えてきている。

　多くの場合、最初になんらかのNFTアイテムを購入し、それを元に暗号通貨を稼ぐ、というのがおおまかな仕組みだ。

　NFTを用いて、様々な稼げる選択肢が生まれた（NFTを使わないものも存在するが、全体像として把握しておくといいだろう）今後は働かないで生きていける世界になるかもしれない、そう思わせる取り組みである。それぞれ、どのようなX to Earnがあるのかを紹介しよう。

Move to earn　Walk to earn

　運動したり、歩いたり走ったりして稼ぐことができる。

Learn to earn

　学ぶことで暗号通貨を稼げる。

Sleep to earn

　眠ることで暗号通貨を稼げる。スマホやウェアラブルデバイスを使用して睡眠の質を計測し、スコアに応じて稼げる額が変動する。

Eat to earn

　食べることで暗号通貨を稼げる。食べ物の写真を撮影しゲーム内のペットにエサとして与えることで、育成やバトルを楽しめるNFTサービスもある。

Listen to earn

　音楽を聴いて暗号通貨を稼ぐ。音楽を流すだけで稼げるため、その他のX to earn系サービスと併用して行うことが可能である。

Drink to earn

　飲み物を摂取するだけで暗号通貨を稼ぐことができる。NFTボトルと実際のボトルが連動し、飲んだ水分量に応じて獲得できるトークン量が変

動する仕組みである。

Mindfulness to earn

　瞑想することで暗号通貨を稼ぐ方法。マインドフルネスの習慣を身につけることを目標に開発されたプロジェクトである。

Write to earn

　執筆する等、何かを書くことで暗号通貨が稼げる。記事をNFT化して販売したり、記事を読んだ人から暗号通貨を送ってもらえる（いわゆる、投げ銭）といったことが考えられる。

Work to earn

　直訳すると「働いて稼ぐ」というコンセプトは一見当たり前のようにも思えるが、X to Earnでは遊んで稼ぐことにフォーカスされるプロジェクトが多い。あえて働くという視点からNFTゲームを考える、つまりゲーム内で就職をしてゲーム内で働いて稼ぐことを指す。

Play to earn

　もっともポピュラーな稼ぎ方である。ゲームで遊びながら暗号通貨を稼げる。具体的にはゲーム内で手に入れたゲーム内通貨を他の通貨に替えたり、ゲーム内アイテムを売ることで暗号通貨を得ることができるのだ。モンスター育成系やカードバトル系、建築系など様々なサービスが展開されている。

Create to earn

　創作活動をすることで暗号通貨を稼げる。自分の描いた絵でNFTカードを作成し、ゲーム内で販売すると報酬を得られる仕組み等が該当する。

Sing to earn

　歌うことで暗号通貨を稼げる。マイクやヘッドホンなどのNFTを入手し、歌ったり音楽を聴いたりすると獲得できる仕組みである。

Drive to earn

　運転することで暗号通貨を稼げる。車のNFTを入手し、走行する距離や速度に応じて稼げるトークン量が変動する仕組みである。

NFTを理解する方法

NFTには興味がある、または「NFTのビジネスを考案しろ！」と上司に言われ、書籍を購入し（立ち読みしないで買ってほしい）、ここまで読んだ結果、いまいちピンと来ていない方のために、NFTを理解する方法をお伝えしようと思う。

それは、以下のステップを経ると理解しやすいだろう。

1. 買ってみる

まずは気になったものを購入してみよう。値段の高いものである必要はない。

アートでも、好きなスポーツチームのトレーディングカードでも、どこかの会員権でもかまわない。とにかく、買って、所有をしてみよう。

1枚所有すると、気持ちに変化が出る。それを感じてみよう。ただ、もしもまだ購入する決断ができないというのであれば、Twitterで行われているGiveaway（つまり、無料抽選会）に参加して、無料でNFTをもらってみる、という手もある。

2. 売ってみる

自分が気に入って買ったものを売りに出してみよう。

あなたは売りに出すときに、躊躇なく売りに出せるのか？　愛着が湧いてしまっているのか？　購入価格より高くなっていると喜ぶのか？　それともまだ価格は上がるかもしれないと思うのか？　こういうことならこのNFTプロジェクト、2枚買っておけばよかったと思うのか？

3. Twitterに参加してみる

情報を集めよう。NFTを買った人、売った人、かわいそうだが騙された人など、多くの人がTwitterでNFTに関する情報を発信している。そういった人の投稿を読んだり、コメントをしたりしてみよう。

4. イベントに出てみる

　web3、NFT、DAO、メタバース、と様々なワードが飛び出し、リモートワークの定着も相まって人と会わないことが増えている人も多いと思うが、なんと実際の貴重な情報はリアルな場で共有されることが多い。オンラインイベントに出席するのもいいが、可能な限りオフラインのイベントに出てみよう。

　新たなヒントや、未来のビジネスパートナーとの出会いがあるかもしれない。ちなみに弊社ではNFTに関連するイベントをまとめている。

　https://nft-media.net/category/event/

　参考になれば嬉しい。

5. 勉強してみる

　今回は事例に注力したためにあえて本書には書かなかったNFTの技術、歴史など、まだまだ知っておいた方がいいことはたくさんある。歴史は浅いが、変化の速い業界であるため、情報収集、勉強は一人で行わずに誰かと組んで行うことをおすすめする。

　最終的には「Don't think! Feel.」である。

用語集

今回書籍に出てきた、一般的とは言い難い用語を解説していく。

ジェネラティブ (ジェネレーティブ) NFT

複数の条件の組み合わせからプログラムによって自動生成されたNFTのこと。わかりやすく言えば、背景画像10種類、洋服10種類、表情10種類のデザインを自動で組み合わせて、合計で1,000枚のNFTにしたものを指す。

ユーティリティ

特典や使い道、利用方法等を指す。例えば特定のNFTを保有していると、飲食店の会計が割引になる、などが該当する。

NFTゲーム

ブロックチェーンを用いたゲームの総称のこと。ブロックチェーンゲームとも言う。

今までの一般的なゲームと異なり、ゲーム内で手に入れたアイテムなどがNFTとなっており、例えばマーケットプレイスで売買されたりする。

オンチェーン

ブロックチェーンで処理（記録）すること。オンチェーンNFTというと、ブロックチェーン上にそのデータが書き込まれているNFTのこと。

オフチェーン

ブロックチェーン上にそのデータが書き込まれていない取引のこと。ブロックチェーンを使わずに情報を処理する。

ロードマップ

計画表のこと。そのNFTプロジェクトやコレクションをどうやって進めていくのかが表現されている。

DAO (ダオ)

「Decentralized Autonomous Organization」の頭文字を取ったもの。日本語では分散型自立組織と言われる。中央に管理者がおらず、投票等で意思決定を行うような組織。

ガバナンストークン

DAOを運営する際に、保有者に投票の権利を与えるトークン（印）のこと。意思決定を行う際に必ず必要となる。

DeFi (ディーファイ)

「Decentralized Finance」分散型金融とは、金融機関などの中央管理者が存在せず、ユーザー同士がお互いに管理し合う仕組みを持った金融サービスのこと。

スマートコントラクト

ブロックチェーン上で予め決めておいた様々なアクションを自動で実行する仕組みのこと。

二次流通

NFTマーケットプレイスにて、自分の作品が他者Aに売れ、さらに他者BがAの保有しているものを購入したいとなった際に、作者が間に介在せず、直接取引を行える仕組みのこと。取引に介在はしないが、作者には転売の際に手数料として一部収入となる。

他にもわからない単語を見つけた際は、NFT Media（https://nft-media. net）で調べてみて、それでもわからないときは、googleに頼るか、メディアに問い合わせをしてみてほしい。

おわりに

　NFTの事例を100連発。正直言って、世の中のNFTの事例の数はこんなものではない。まだまだある。しかし、今世の中にはNFTを活用したこんな事例があるのだ、ということがまずは伝われば嬉しい。

　私は2006年に最初の会社を創業した。最初のビジネスはペットの除菌消臭剤のペットショップへの飛び込み販売と、ホームページ制作だ。数カ月してすぐにホームページ制作に特化し、そこからシステム開発、インターネット広告、マーケティング、ITコンサルティング、経営コンサルティングと徐々に業務範囲が広がっていったが、常にIT技術は隣にあった。

　コンサルティングの際にはよく「インターネットの技術は主役ではありません。そのため、ホームページをつくりたい、インターネット広告を出稿したい、というのは枝葉でしかないのです。何か叶えたい想いを叶えるためのツールがインターネットです」と話していた。

　今、NFTにも同じことが言えると思う。この事例をまとめる中で、それぞれのプロジェクトオーナーがどんな想いで、何を叶えようとしてNFTと向き合っているのかがよくわかった。申し訳ないが、今回一番勉強させてもらったのは、この私である。

　1984年生まれの私からすると、携帯電話とインターネットはとんでもない衝撃であった。そして今、NFTも同じように衝撃を受けている。きっとこれから「来る」。

　とはいえ、NFTはまだまだ使いにくいと感じているのも事実だ。それはビジネスをする、プロジェクトを立ち上げる側ではなく、ユーザー側にとって、である。

　そもそも取引所を作成して、暗号資産を購入して、MetaMaskをつくって、シークレットリカバリーフレーズを忘れないようにどこかにメモして、訳のわからない英数字の羅列のアドレスにテスト送金して…と、わか

288

らない人からしたらややこしいだけである。よっぽどの熱量がないと心が折れるだろう。

　ただ、その敷居を下げようと、各マーケットプレイスをはじめ、それぞれが努力をしてくれていると思う。私はこれから「もっともっとNFTが当たり前になる世界」になっていく派である。

　本書には書ききれなかったNFTの面白い技術や活用方法は、まだまだある。

　そしてこれからも出てくるだろう。

　私は「こういうことをしたら面白いのではないか」「こういうことをしたら楽しいのではないか」「こういうことをビジネスにしたら世の中に＋になるのではないか」ということを考えるのが好きだ。NFTはそういったことを考える時に、大きな刺激となっている。

　理想は「あれ？ これってNFTが使われていたんだ？」となることだ。

　そうなったら、ますます楽しい世の中になるのではないだろうか。

　なお、弊社で運営するNFT専門のニュースメディアNFT Mediaでは月間で100以上のNFTに関するニュースを扱っている。

NFT Media
https://nft-media.net/?book100

　最新のニュースの他にメールマガジンでもそこでしか配信しないビジネス情報やNFT情報、公式Twitterではインタビュー記事や海外NFT活用事例のお知らせも行っている。

NFT Media公式メールマガジン
登録はこちらから
https://nft-media.net/newsletter?book100

 公式Twitter
フォローはこちらから
https://twitter.com/NFT_Media_

　もっと事例を知りたい、常に最新情報をキャッチしたい、ということであればぜひ遊びにきてみてほしい。

　それでは、最後までお読みいただき、感謝。

謝辞

　出版社の金澤　理さん、出版のご縁を作ってくださった兼安　暁さん、普段からNFT Mediaをご覧いただくみなさま。弊社のお取引様、事例に関する情報を提供してくださったみなさま、その事例を集めてまとめるのを手伝ってくれたNFT Mediaのメンバー、特に渡邊亮太、秋山悠、Iida Hiroto、ヒラメ君、いしやすさん、桂川さん、伊藤尚平さん、そして妻、2人の娘と生まれたばかりの息子（あと元妻も）。なにより、本書をご購入いただき、ここまで読んでくださったまだ見ぬそこのあなた。本当に感謝しています。

　ここまで読んでくださった方であればおわかりになられるかと思いますが、決して、本書をブッ○オフ等で二次流通などされませんよう、よろしくお願い申し上げます。NFTと違ってまだ書籍は二次流通でロイヤリティが発生しませんから。

【特典】

　本書をご購入いただいた方にのみ、本書では語り切れなかったその他の事例や、この事例のこのポイントが面白い、という抜粋動画をプレゼントいたします。ご希望の方は、下記URLもしくはQRコードにアクセスし、特典をご請求ください。

 https://nft-media.net/book-gift01

[著者プロフィール]

小林 憲人（こばやし けんと）

　東京都出身。大泉北高等学校、明星大学卒。

　2006年に1社目のIT企業を創業、2015年に株式会社トレジャーコンテンツを設立、代表取締役に就任。NFT研究家。2016年に暗号通貨を知り、2017年よりブロックチェーン周りの開発をサポート

　2020年の年末にNFTに興味を持ち、2021年7月にNFT情報サイト「NFT Media」をオープン。

　日々NFTに関する情報を発信。VeryLongAnimalsやAopanda Party、MAGO Mintなど様々なNFTのホルダーでもある。情報経営イノベーション専門職大学客員教授。新規事業とキャンプとラーメンが好き。

https://twitter.com/kobayashikento

https://nft-media.net

Sairyusha

NFTビジネス活用事例100連発！
地方創生からエンタメまで

2023年6月10日　初版第1刷

著者	小林憲人
発行者	河野和憲
発行所	株式会社 彩流社

　〒101-0051　東京都千代田区神田神保町3-10　大行ビル6階
　TEL：03-3234-5931　FAX：03-3234-5932
　E-mail：sairyusha@sairyusha.co.jp

印刷	モリモト印刷（株）
製本	（株）難波製本所
装丁・組版	中山デザイン事務所